莫高窟是家藏我们毕生
精力都是为了保护研究弘
扬它

常书鸿 一九八八年
三月三十日

敦煌人生

我的父亲段文杰

段兼善——著

浙江人民出版社

图书在版编目（CIP）数据

敦煌人生：我的父亲段文杰 / 段兼善著. —杭
州：浙江人民出版社，2022.5
ISBN 978-7-213-10528-9

Ⅰ．①敦… Ⅱ．①段… Ⅲ．①段文杰-传记
Ⅳ．①K825.41

中国版本图书馆CIP数据核字（2022）第043993号

敦煌人生：我的父亲段文杰

段兼善 著

出版发行：浙江人民出版社（杭州市体育场路347号 邮编 310006）

市场部电话：(0571)85061682 85176516

责任编辑：余慧琴

助理编辑：张 伟

营销编辑：陈雯怡 陈芊如

责任校对：陈 春

责任印务：陈 峰

封面设计：王 芸

电脑制版：杭州天一图文制作有限公司

印 刷：浙江印刷集团有限公司

开 本：880毫米×1230毫米 1/32 印 张：10

字 数：202千字 插 页：28

版 次：2022年5月第1版 印 次：2022年5月第1次印刷

书 号：ISBN 978-7-213-10528-9

定 价：88.00元

如发现印装质量问题，影响阅读，请与市场部联系调换。

1952年，段文杰在洞窟中临摹壁画。

1940年，段文杰在重庆国立艺专上学。

1950年，段文杰在敦煌莫高窟。

2

1953年，敦煌文物研究所全所职工在莫高窟大门前合影（中排右四是段文杰）。

　　1976年，段文杰与夫人龙时英以及儿子段兼善、儿媳史葆龄合影。

　　1980年，段文杰任敦煌文物研究所常务副所长。

1982年，段文杰任敦煌文物研究所所长。

1984年，段文杰任敦煌研究院院长。

段文杰写生作品《莫高窟河畔风景》，创作于1954年。

段文杰写生作品《莫高窟下寺风景》，创作于1954年。

莫高窟第263窟北魏伎乐菩萨图，原壁画。孙志军摄影。

莫高窟第263窟北魏伎乐菩萨图，段文杰1955年临摹。

莫高窟第130窟盛唐都督
夫人礼佛图，原壁画。孙志军
摄影。

莫高窟第130窟盛唐都督
夫人礼佛图，段文杰1955年临
摹。

莫高窟第251窟北魏力士图，段文杰1946年临摹。

莫高窟第249窟西魏力士图，段文杰1946年临摹。

莫高窟第254窟北魏尸毗王本生图，段文杰1952年临摹。

莫高窟第285窟西魏伎乐飞天图，段文杰1947年临摹。

莫高窟第288窟西魏天宫伎乐图，段文杰1949年临摹。

莫高窟第304窟隋代天宫伎乐图，段文杰1947年临摹。

莫高窟第172窟盛唐山水图，段文杰1947年临摹。

莫高窟第36窟五代山水图，段文杰1947年临摹。

莫高窟第36窟五代山水图，段文杰1947年临摹。

莫高窟第205窟盛唐舞伎图，段文杰1948年临摹。

莫高窟第85窟晚唐乐队图，段文杰1947年临摹。

莫高窟第156窟晚唐舞伎图，段文杰1946年临摹。

莫高窟第12窟晚唐嫁娶图，段文杰1947年临摹。

莫高窟第12窟晚唐骑战图，段文杰1947年临摹。

莫高窟第130窟盛唐乐庭瓌供养像，段文杰1959年临摹。

莫高窟第194窟中唐帝王与侍臣图，段文杰1949年临摹。

莫高窟第156窟晚唐宋国夫人出行图，段文杰1950—1951年临摹。

莫高窟第 428 窟北周
莲花飞天平棋图，段文杰
1958 年临摹。

莫高窟第 321 窟初唐
莲花顶光图，段文杰 195
年临摹。

　　榆林窟第25窟南壁中唐壁画观无量寿经变图，段文杰、关友惠、万庚育、冯仲年、李复等于1955—1956年合作客观临摹。

父亲挚爱敦煌，扎根大漠60余年，视莫高窟为精神家园。耄耋之年曾对我说："敦煌是我生命的全部。"

　　我的少年时代在敦煌度过，经常会跟着父亲临摹敦煌壁画、练习写生。父亲的一言一行对我影响深远。

　　父亲去世后，我陆陆续续画下这些怀念他的画作。蓦然回首，发现这些画作有意无意间竟勾连起父亲的敦煌人生。

父亲去世后，他的音容举止，时常出现在我的脑海中。

　　经历生母早逝、家庭变故的父亲，在青少年时期就很独立坚毅。他是热血青年，曾积极参加进步学生运动和抗日救亡宣传活动。

　　1940年，父亲考入由杭州迁至重庆的国立艺专，得到林风眠、吕凤子、潘天寿、陈之佛、李可染等多位名师的指导。

　　1944年，父亲在重庆观看了张大千临摹的敦煌壁画展览，受到触动，决定毕业后前往敦煌进行考察研究。

　　大学毕业后，父亲踏上了西行求索之路，其间经历种种波折，终于在1946年抵达敦煌莫高窟。

父亲到莫高窟后，终日陶醉在洞窟壁画的世界之中。

石窟风华

上世纪五十年代，常书鸿、段文杰团结组织、发奋临摹，等同仁在深入研究壁画的基础上开创了敦煌壁画临摹的新风气。他们通过临摹，对内外绘画技法进行了介绍研究，连刻元末本绘制成的石窟壁画艺术精华，奠定了深厚而坚实的基础。

李其琼、冯仲年、欧阳琳、万庚育、张大千等精神陈虚恭恭敬敬敬艺之

敦煌文化情

　　不久，父亲担任美术组组长和考古组代组长，被同行视为敦煌艺术临摹研究工作的领军人物。

　　在反右派斗争中，父亲受到不公正对待，被解除了行政职务。尽管遭遇精神和生活上的双重压力，但他依然继续从事敦煌文化研究工作，在洞窟临摹时，更是"一画入眼里，万事离心中"。

　　"三年困难时期"，父亲和母亲省下馒头风干后带给我吃。生活再艰苦，他们也不曾耽误我的学业。

　　"文化大革命"中，父亲被发配到农村务农，50多岁的他坦然地面对这一切。

尽管艰难，父亲却始终保持着对敦煌艺术的思考和研究。

"文化大革命"结束，父亲回到了日思夜想的敦煌莫高窟。

　　重返敦煌后，父亲被任命为敦煌文物研究所第一副所长，父亲团结全所职工，决心为敦煌奉献全部力量。

　　父亲通过出版画册、编辑文集、创办期刊，增强了中国敦煌学在海内外的影响力。

　　父亲策划主持了多次国内、国际敦煌学术研讨会，推动了中外文化交流，促进了国际敦煌学的发展。

　　父亲重视石窟保护工作，时刻想着如何做好窟内文物科学保护和窟外环境治理工作。

　　父亲重视石窟讲解和展示工作，他规范讲解制度、培养外语讲解员，使敦煌的对外开放事业迈上新台阶。

　　父亲带领敦煌研究院同仁，在各国举办敦煌壁画展，推动敦煌文化走向世界。

　　出国交流时，父亲多次呼吁各国将中国失散在海外的敦煌文物归还中国。

父亲退休后担任敦煌研究院名誉院长，耄耋之年，赤子之心
如初。

　　2011年1月21日，父亲逝世。在生命的最后几年，行动不便的父亲时时牵挂敦煌。生命的最后几天，嘴里还念叨着"我要回敦煌"。

序：笔墨丹青绘就人生华章

关友惠

（敦煌研究院美术研究所原所长）

　　我于1953年从西安的西北艺术学院毕业，分配到敦煌文物研究所，在段文杰先生负责的美术组开始做敦煌壁画的临摹工作和研究工作。段先生是我长达数十年的老同事、老朋友。段先生于2011年仙逝，我也从一个精力充沛的年轻人进入耄耋之年，有时回忆起过去共事的经历，段先生的音容笑貌时常浮现。近日，段先生之子段兼善问我是否愿为《敦煌人生：我的父亲段文杰》一书写个序言，我被他的思亲之情感动，无奈九十高龄，实在心有余而力不足，只好将几年前追思文杰先生的文章略加修改以代序。

　　段先生的一生可以分成三个阶段来讲。第一个阶段是他1946年从国立艺专毕业后千里迢迢来到敦煌莫高窟参加工作，一直到1957年反右派斗争开始。在这十余年间，段先生的成就主要在临摹敦煌壁画方面。当时他是美术组的负责人，凡是常书鸿所长不在敦煌的时间，所里的事情都委托段先生负责，实际上那时候所里除了常书鸿先生以外，段先生就是负责人。这个阶段是敦煌文物研究所壁画临摹的高峰期，也是段先生壁画临摹的黄金时期。他的作品，比如最著名的莫高窟130窟"都督夫人礼佛图"、卧佛洞158窟的"各国王子举哀图"、榆林窟25窟的"观无量寿经变"、莫高窟217窟北壁的"观无量寿经变"等，都是他这一时期临摹壁画的代表作。那时他才30多岁。

我是1953年来到敦煌的，当时所里大概只有25个人，加上我们几个新来的，也还不到30个人。我们每年都要制订临摹计划，制订计划前，段先生会先带大家去洞窟看看实际情况，征求大家对计划的意见并一起讨论。临摹壁画需要具备很扎实的线描功底，每天晚上段先生都会带领我们练习线描，他自己也练。临摹过程中的每一个阶段段先生都要检查，他不仅亲自检查，还请大家共同对一幅作品进行评价，指出来哪个步骤需要修改，一直修改到大家都满意为止。这是一种很民主的办法，对提高个人的绘画水平也有很大的帮助，所以大家的心情比较舒畅，和他相处也很融洽。

第二个阶段是1957—1980年，这20余年间，由于"大跃进""三年困难时期""文化大革命"等的影响，段先生由一个敦煌文物研究所的公职人员变成了普通的老百姓，尤其是1969—1972年，他与夫人龙时英更是被下放到农村参加劳动。在这种情况下，他便把自己所有的藏书送给了资料中心。那时候的资料中心几乎没有什么书，只有一部《大藏经》和没有标点的二十四史，平时要张资料的照片也很困难，因此他这样做就更难得了。段先生经常说：我办这些事情不是为了我个人，我没有私心，心底无私天地宽。段先生不仅这样说，也是这样做的。

第三个阶段就是1980—1998年这18年，段先生先是任所长，敦煌文物研究所扩建为敦煌研究院后，他又担任敦煌研究院院长这一职务。这一时期他主要是做领导工作和研究工作。20世纪80年代的时候，他已经60多岁了，但他仍然尽最大的努力为敦煌研究的各项工作奔波。那时候敦煌研究所面临着一个新问题——应该朝哪个方向走？怎样走？这在当时确实是关系研究所未来发展的大问题。当时敦煌学研究的状况是怎样的呢？"敦煌在中国，敦煌学在日本"这句话听起来不好听，但是现实就是这样！那时，咱们国内从事敦煌学研究的人屈指可数，所里共有四五十人，其中研究业务的人员加上刚来的新人总数也不超过20个。我们的敦煌学研究可以说还是一片空白，可是日本学者却搞出洋洋十卷专著，这是我们不得不面对的现实问题，也是摆在敦煌研究所面前的实际情况，怎么办？再加上改革开放的春风吹遍全国，全国所有的石窟研究单位，如麦积山石窟、龙门石窟、云冈石窟等都盯着敦煌，想看看咱们敦煌研究所怎么搞；全国各个院校搞美术的人、对敦煌壁画感兴趣的人也都到敦煌来了，大家都注视着敦煌研究所。面对这样的严峻形势，段院长当时还是很有考虑的，他抓住了这样几件事情，为敦煌研究所的发展打开了新局面：一是举办展览，加大对外宣传。为了让更多的人了解敦煌，他接二连三地在国内外举办展览。1982年在日本，1983年在法国，1985年、1986年又在日本举办了两次展览。二是组织召开多次国内、国际学术会议。举办展览是我们"走出去"，而召开学术会议是把国内外的专家"请进来"，我们面对面交流，通过学术会议打开与世界平等交流的局面。当时参加学术会议的学者有来自中国台湾、香港等地区的，也有来自日本、印度、法国、美国、俄罗斯等国家的，这样就使敦煌研究所开始与世界接轨，更多的人开始了解敦煌、了解敦煌研究所。三是从机构设置上，他提议并促成把敦煌文物研究所提升为敦煌研究院，扩大了敦煌学研究的范围，并向全国招揽人才。四是段先生个人的研究成果。他在几十年的临摹工作实践中积累了丰富的经验和资料。这一时期他写了一系列关于敦煌艺术研究的文章，都是对自己临摹敦煌壁画和研究石窟艺术的经验总结。他写的东西没有水分，没有空话，很有深度，这些研究都是从实践中来的，是经得起考验的。我认为他的研究是敦煌壁画艺术研究史的一个大纲，后面的人可以沿着这条线继续深入研究。

段先生不仅是一个研究者，还是一位好领导，他为敦煌研究院的发展、为推动整个敦煌学的研究起到了至关重要的作用。现在很多学校都设有敦煌研究所、敦煌研究室，而当时只有兰州大学的几个人在做相关研究工作，其后敦煌学研究的发展速度是相当快的。受大陆敦煌学研究蓬勃发展的影响，台湾、香港等地的敦煌学也都有所发展。所以段院长的影响不是限于研究所，而是影响了整个中国的敦煌学研究，我们应该看到他对全国、对世界敦煌学研究的影响。

段文杰先生对敦煌文化遗产的保护工作也非常重视。他想方设法培养科技人才，积极开拓中外合作保护石窟文物的新方法、新路径，推动敦煌文物保护走上科学化、现代化的新阶段。他积极组织敦煌莫高窟申报世界文化遗产名录的工作，于1987年获得成功。可以说，段文杰先生为敦煌文物事业毫无保留地奉献了他一生的精力和才智。

怀念段文杰先生！

目 录

"20世纪初王道士的功过，已被岁月的长风雕琢成沙、磨砺为尘，也许，这就是敦煌的'劫数'——她汇集了太多人类的智慧之光与艺术奇迹——她以这样的一种形式再次面世，并折射出完美，来接受朝圣者的顶礼膜拜。"

"必须扭转'敦煌在中国，研究在外国'的被动局面，要齐心协力，埋头苦干，奋起直追，以丰硕和优异的成果融入国际敦煌学的发展进程，为世界文明进步发挥中国文化的作用。"

"石窟保护是开展其他工作的前提。为了使敦煌文物保存得更长久，延揽培养人才是科学保护的关键；采用先进的仪器设备是提高保护水平的手段；开创合作机制，引进先进技术，是科学保护的有效途径。"

第一章
心驰神往　寻梦千里赴敦煌

"大漠孤烟的诱惑，声声驼铃的召唤，让我在千里之外的兰州坐立不安，甚至有时在想：难道我如此虔诚执着依然与敦煌无缘？我不相信！"

1917年8月23日，我父亲段文杰出生于四川省绵阳县松垭乡活观音村。父亲小时候的名字叫段业广，上学后改为段文杰，此后一直沿用。段家过去是个大家庭，但在父亲出生的时候就已经没落了。我的祖父从绵阳旧制中学毕业后，因家庭生活困难，便投考当地的盐务局当了一名小职员，靠挣点薪金补贴家用。当时盐务工作流动性较大，不能长期固定在一个地方。父亲7岁时，祖父因工作调动搬到蓬溪的乡镇上流动居住。1927年，我的祖母病故，祖父到明月乡工作，父亲便随之到明月乡上小学。两年后，祖父转到常乐镇工作，父亲就到常乐镇的高级小学读书。该校校长胡止峻是北京大学的毕业生，他思想进步，经常给学生们讲解新闻时事，父亲因此也明白了不少道理。胡校长带领学生们拆庙宇、修学校，反对当地的土豪劣绅吊打农民，后来又带领学生们宣传抗日。这些做法启发了父亲的爱国思想。九一八事变后，父亲的一位老师仲常恺投笔从戎，远赴东北参加抗日义勇军，他的行动使父亲又一次受到爱国主义的教育。1936年夏，祖父转到蓬溪县城工作，父亲便到蓬溪县立中学读书。不久，父亲的继母病故，家里又遇到新的困难，父亲便一边学习，一边操持家务。

1937年卢沟桥事变发生后，蓬溪、遂宁一带的中国共产党地方组织，根据上级党组织关于"大力开展抗日救亡宣传，努力发展壮大组织"的指示，很快在蓬溪掀起了一个拯救国家于危亡、民族于水火，唤起民众的抗日救亡运动高潮。中共蓬溪县委特别重视在蓬溪县的中小学开展活动，也很重视发挥中小学师生在抗日救亡活动中的作用。

陈叔举是蓬溪中学地下党小组的负责人，他的公开身份是县中学图书室管理员和文书。他是父亲初中同学，两人接触较多。父亲是一个特别喜欢看书学习的人，他从陈叔举那里借了不少进步书刊，了解了很多国内外大事，思想上也受到很多启发。父亲积极参加了由陈叔举等人组织的深入工农群众中宣讲抗日救亡道理的活动，这些活动对工农群众和学校师生起到了很大的鼓舞作用。1938年，父亲还参加了由当时蓬溪中学党组织成立的"蓬溪中学学生暑期救亡工作宣传团"。父亲喜欢通过美术、音乐及戏剧演出等形式来进行宣传，是这个宣传团的重要成员之一。他利用美术这一特长编辑墙报、板报等，绘制抗日宣传画，书写抗日标语。同时热情组织了包括音乐、舞蹈、话剧等形式的综合宣传活动。在蓬溪县城演出时，由于这些节目饱含抗日激情，表演形式生动活泼，受到观众的热烈欢迎。1938年下半年，父亲任教于常乐镇小学，主要担任文史和音乐美术课的教师。授课之余，他还组织学生办壁报、墙报，写文章，画宣传画和漫画，宣传进步思想和抗日救亡。

1938—1939年，蓬溪地方党组织领导下的抗日救亡运动搞得有声有色，各种宣传、募捐活动，不仅争取了群众，赢得了人心，而且支援了抗战前线，激励了不少爱国人士走向战场杀敌救国。

然而，国民党的一些顽固分子，对蓬溪中共地下党的活动严密监视，设置障碍。1939年，国民党顽固派的反共活动已经公开化。蓬溪中学教导主任是个顽固派，多次向国民党县党部密报进步师生的行动，致使陈叔举等一大批蓬溪中学和乡镇小学的教师因"共党嫌疑"而被解聘，父亲也名列其中。被解聘教师职务后，父亲打算到外地求学深造。

父亲从小就喜欢文学艺术，尤其对美术兴趣很浓。在抗日宣传时他经常画宣传画，从中感受到创作的乐趣，但自知在艺术水平上还需要提高，应进一步钻研学习。听说成都有一所南虹高级艺术职业学校还在招生，父亲立即告别家人，跑到成都去投考，并被录取到该校图音科学习。父亲学习相当刻苦，把能利用的时间都利用了起来。学习一年左右后，他又听说迁到重庆的国立艺术专科学校在成都招生。这所学校由蔡元培、林风眠先生创立，由北平艺专和杭州艺专合并而成，是当时的最高艺术学府。父亲慕名而去，以优异的成绩被录取。去重庆之前，父亲回到蓬溪看望家人，在家人安排、撮合下，与蓬溪中学的一位女同学龙时英喜结连理。龙时英就是我的母亲，她出生于1914年11月5日，也是一位要求进步、提倡妇女解放的积极分子。她对父亲的求学打算十分支持。从学校毕业后，母亲一面寻找工作，一面操持家务、照顾家人。

1940年夏天，父亲拿着国立艺专的录取通知书，背着行李，跋涉数百里，到达重庆市辖区西部璧山县城的一座叫"天上宫阙"的庙宇——这是国立艺专的一处校舍，从此开始了五年制的美术专业学习生活。在这里，父亲结识了一些新的同学，他们都是从全国各地考来的热情活跃、爱好艺术的年轻人。国立艺专的师资力量是很强的，一批著名画家和艺术教育家，如吕凤子、林风眠、陈之佛、潘天寿、关良、黄君璧、黎雄才、倪贻德、丰子恺、吕霞光、刘开渠、常任侠、邓白、潘韵、方干民、李可染、赵无极、朱德群等，都曾先后在此任教。正值战乱年代，这些教师的生活都很清苦，但他们授课都很认真，对学生循循善诱、关怀备至。好些学生在遇到困难时，得到了他们的热情指导和切实帮助。

父亲曾跟我讲过一件事，有一次他和几位同学在饭厅碰上学校训导主任吴某和一位同学为一件小事起了争执。吴某平时很霸道，对待学生很苛刻，动不动就声色俱厉地训斥人。这次遇到几位同学与他针锋相对，弄得他下不了台，威风扫地。表面上同学们占了上风，哪知道吴某却在背地里打击报复，和学校当局某些人勾结，捏造罪名，说这些学生有"共党嫌疑"，违反校规，予以"默退"。"默退"就是校方不公开地通知学生退学。暑假时，父亲回到蓬溪家中，等到开学返校时，已有几位同学被迫离校。但还有谭雪生等几位同学没有走，父亲觉得应该让这几位同学留下继续学业，就和几个同学去找教务主任谢仲谋分辩，又去找校长吕凤子说明情况。吕凤子先生早年追求真理，追求进步，曾在家乡兴办"正则女校"，志在反封建，提倡女权。后来又在北京国立女子高等师范学校任教授，因反对当局迫害进步学生，在校务会上愤而退席，并挥毫作"古松"一画，上题"发奋一古松，挥毫当剑舞"，表达自己支持人民民主的意愿。父亲和谭雪生等同学向吕校长反映吴某欺压学生的事实和谭雪生等同学被"默退"的情况后，吕先生通情达理，决定取消"默退"，让谭雪生等同学继续安心学习。不久，吴某离开了学校。

父亲非常珍惜在国立艺专学习的机会。他勤奋好学，充分利用时间，不仅在课堂上认真听老师讲授知识技巧，还经常在图书馆翻阅书籍、查找资料，有时还登门求教，请老师答疑解惑。父亲是1940级五年制国画班的学生，同级的还有西画班、雕塑班和应用美术班。除了完成国画班的学习任务，父亲还抽空到其他班级旁听。古人有言"旁得香气"，就是说两人在谈论学问时，旁边听的人也能受到熏陶。父亲认为，虽然不同的画种、不同的艺术形式都有它的发展过程和艺术特征，但并不等于不需要去关注和了解别的艺术样式的特色及优势。

父亲博采众长，既能看到每位老师的独特风格，又没有门户之见。如林风眠先生的画重视色彩的运用，在造型方面运用了西方绘画的现代构成因素，可是整个画面上又往往表现了一种中国写意传统中的自在潇洒的韵味。他把中西绘画中某些造型特征结合起来，创造了一种特殊的美，对当时画坛墨守成规的痼疾有一种冲击力。潘天寿先生的花鸟画又是一种别样风味，用笔拙劲磅礴，造型奇险强健，结构严谨大气、超凡脱俗，在中国写意画坛独树一帜。陈之佛先生是位杰出的工笔花鸟画家，从传统工笔花鸟画中吸收了很多养料。陈先生是我国工艺美术的先驱者和奠基人之一，他也从我国工艺美术的精湛技艺中撷取了一些高超手法，并将线描勾勒与没骨浸染相结合，格调清爽高雅。父亲从陈先生的工笔花鸟画中领悟了许多技法知识。父亲很喜欢山水画，当时李可染、黎雄才、潘韵老师是山水画高手，他们来讲课时，父亲总是认真听讲，专心观看他们的示范，而且注意结合这些老师的个人特色，加以综合性的总结和灵活运用。几年下来，父亲的山水画技法得到很大的提高。

父亲也很重视写生，注意自己的笔墨特色的发挥，有时也尝试西画的写生方式，到学校旁边的乡村、嘉陵江边码头等地用粉彩、水彩作画。不过，父亲最重视的还是人物画，当时国立艺专教授中国人物画的老师只有一位，他擅长清代费小楼一派的宫廷侍女画，白额头、尖下巴、八字眉、樱桃口、溜肩膀、窄袖衫、百褶裙、杨柳腰，弱不禁风，装模作样。这种脱离现实的绘画方式，在日本侵略者强占我国领土、屠杀我国人民，飞机和炸弹盘旋头顶，民族生死存亡的危难时刻，怎能表达我国人民的精神面貌呢？而且这种审美情趣和绘画技法，也难以表达激昂向上的创作激情。如何提升人物画的表现力，反映社会现实生活的需要，是父亲经常思考的问题。

正在这时，父亲偶然在重庆七星岗看到赵望云、金风烈等画家举办的抗日战争画展，他们的画作揭露了日本帝国主义侵略中国的种种罪行，描绘了国人家破人亡、流离失所的悲惨生活。这些画面，确实能触动人的心灵，激发人的爱国精神。受此鼓舞，父亲坚持造型基本功的训练，坚持写生实践，努力提高塑造现实人物形象的能力。好在有些老师如黎雄才、李可染、潘韵等重视写生，有时也带领同学们在江畔、农村、街头写生。经过几年的学习，父亲的人物画有了很大提高，对色彩、造型、精神状态的刻画和把握达到了比较好的效果，画起宣传画来也得心应手。

当时的重庆会集了一批全国的知名学者、艺术家，国立艺专也经常有学者、艺术家造访，因此，父亲也听到了一些有关敦煌的传闻。敦煌是西北甘肃省最西部的县份，西接新疆，北临蒙古，南连青海，东通河西，地处荒漠，气候干燥，人迹罕至，却有极好的佛教石窟。特别是敦煌莫高窟，规模巨大，保存有许多古代壁画和彩塑。1900年，守窟的王道士发现一个小洞窟中藏有一批古代文献和经卷，但可惜的是，这些文献和经卷后来大部分被来到中国考察的外国人掠走。中国学者曾奔走相告，呼吁国家保护敦煌文物，一些画家也相约去了敦煌，探究民族艺术传统等。父亲听了这些传闻后，对敦煌有了一点大概的印象，知道了一些敦煌的概况，但这只是一种朦胧的感觉。

1942年，父亲在重庆参观了由西北文物考察团的王子云一行举办的"敦煌艺术及西北风俗写生画展"，画展介绍了敦煌艺术的风貌和西北人民的淳朴风情，给父亲留下了一定的印象。当时还有一位四川画家张大千，他于1942年带着子侄和门人长途跋涉到敦煌莫高窟实地临摹壁画，1944年，他将摹本带回四川成都举办展览，后又到重庆举办展览。"张大千抚临敦煌壁画展览"在重庆展出的地点是上清寺的中央图书馆，由当时的教育部主办。父亲听说后专门买票赶去参观。整个展览大约有200幅画，都装在木框里，作品大多是佛像、菩萨像及供养人像，还有些佛教故事画和因缘故事画以及一些藻井图案。

这些临本色彩艳丽，线描秀美，同明清以来流行的人物画大不一样。看了王子云和张大千临摹的敦煌壁画，父亲初步领略了敦煌艺术的风貌，同时他还听说莫高窟有好几百个洞窟，壁画和彩塑的数量极多，王子云和张大千所临摹的壁画只不过是其中一小部分而已。那么其他壁画又是什么样子的呢？王子云、张大千的壁画临本与洞窟原作之间有什么不同呢？这些问题吸引了父亲。从他们的临本和一些描述敦煌的文章看，敦煌无疑是一个中华民族造型艺术传统的巨大宝库。父亲是以学人物画为主的，他认为自己也应当到敦煌去作一番实地考察和研究，至少也应当去临摹一批壁画，学习一些新的方法，为己所用。于是他决定毕业后先去敦煌一趟，学习石窟艺术，以弥补自己在人物画方面的不足。

父亲的想法得到国立艺专老师和同学的支持。陈之佛先生对父亲说："现在已经有一些画家和学者到敦煌去了，常书鸿、董希文、潘絜兹、史岩、李浴、苏莹辉、乌密风都在那里，你去正是时候。对敦煌艺术传统深入研究，学以致用，是件很有意义的事情。"老校长林风眠先生也对父亲说："我看过几张敦煌壁画的照片，这些壁画虽然很古老，却很有现代感，以后有机会我也要到敦煌去看一看。你立志要到敦煌去，这是很正确的选择。我在国外研究西方绘画多年，觉得仍然不能把中国的优秀传统丢掉，所以始终在做中西方艺术融合的尝试。"

毕业前夕，同学们举行了一次"艺术往何处去"的讨论会，大家纷纷表达了自己的看法和毕业后的打算。有几位同学如杨浩青、程艾舟和郭瑞昌，也表示毕业后要先到敦煌去一趟，大家就约好同行。

父亲在国立艺专求学五年，先后历经了三位校长——吕凤子、陈之佛和潘天寿。父亲的毕业证就是潘天寿签发的。离开学校之前，父亲特地到潘天寿校长那里去辞行。潘天寿

1945年，段文杰（中排站立左二）与国立艺专同学合影。

先生说："搞艺术就是应该多走、多看，开阔眼界。"并铺纸提笔书写了"行万里路，读万卷书"八个大字，赠父亲留念。几位先生和同学的鼓励，更坚定了父亲走向敦煌的决心。

1945年7月，从国立艺专毕业的父亲，约了杨浩青、程艾舟、郭瑞昌三位同学，带着从同学王泽汉那里借来的一点路费，离开盘溪，从沙坪坝搭乘一辆拉货的卡车，向绵阳进发。行走了两天，到达家乡绵阳后，大伙儿在城里吃了午饭，此时恰巧有一个山东人开着货车要去剑阁，父亲和同学们便与司机商量，给他一些钱，请他把他们带到剑阁。时间紧迫，父亲来不及回丰谷井与家人告别，带着心中的内疚，登上了北上的货车。

几位同学在没有车篷的卡车上，挤在货物和行李之间，一路摇摇晃晃，心里暗暗祝告千万不要下雨。偏偏天公不作美，途中一场大雨，把他们浑身浇透。晚上到了旅馆，父亲打开随身携带的竹编箱子一看，一切都被淋湿了。潘天寿先生给他写的字也被雨水所毁，这让父亲非常痛心。

次日乘坐的是一辆客车，大家不用担心下雨了，可没想到在路过阳平关附近一个叫庙台子的山坡时，汽车冲进路边一块秧田里，车身翻了个底朝天。父亲从车窗爬出，伸手把几位同学拉出来，所幸都无大碍。其他旅客中有人受了重伤，泡在水田里呻吟。父亲他们浑身裹着烂泥，在公路边等了两三个小时，公路局才来车把他们接走。当时四川和甘肃没有通火车，长途跋涉只能靠汽车，但汽车也不多，买汽车票极不容易。等了几天好不容易弄了几张汽车票，还不是直接到兰州的，只能走一站是一站。一路途经略阳、徽县、凤县、天水等地，这样断断续续走了好几天才到达兰州。

兰州是一座古城，并不太大，南依皋兰山，北临黄河，在一个东西走向的狭长河岸边修了几条街道，没有高楼大厦，多是低矮平房，当时人口大约40万。抗日战争时期，有许多东部及南部的学校和人员迁移此地，还有一些流离失所的难民来到这里。

父亲他们到兰州时，已是8月中旬，恰逢抗日战争结束，日本人投降。父亲和几位同学也和兰州市民一样，沉浸在胜利的喜悦当中，兴奋得睡不着觉，闹腾了一夜。不久，一些机构和人员开始准备东归或南返。父亲当时正准备去敦煌，忽听传言说敦煌艺术研究所已经撤销，现有人员都要离开那里。父亲很纳闷，好不容易成立起来的国立敦煌艺术研究所，才一年多就要撤销，这么重要的民族艺术遗产以后就不保护、不研究了？

不久从敦煌来了几位画家，有董希文、张琳英、乌密风、周绍淼、潘絜兹等。父亲向董希文了解敦煌艺术研究所的情况，他说："教育部是打算撤销，我们也不想待在那里了，要返回原来的地方。打算在兰州办个画展，筹措点路费。"父亲看了他的画展，有一些是临摹的壁画，有一些是对敦煌壁画技法加以变化后搞的创作，还有一些是反映现实生活的题材，都给人留下较深的印象。其他几位画家也陆续在兰州开办画展，父亲便给他们帮帮忙，然后又一个个把他们送走。

不久，国立敦煌艺术研究所所长常书鸿一家来到兰州，父亲向常书鸿表达了要去敦煌的愿望。常书鸿说："现在有人要撤销敦煌艺术研究所，我这次就是要到教育部去落实一下。我主张还是要办下去的，我去活动活动，如果继续办，我就回来。现在那里已经没有什么人了，你不如留在兰州等候消息，等我回来再一起去敦煌。"听了常所长的话，父亲决定等一等。不过他已经打定主意，即便敦煌艺术研究所被撤销，他一个人也要去一趟。而同学杨浩青、程艾舟、郭瑞昌听到敦煌艺术研究所撤销的消息，看到敦煌的画家全部东归南下后，就改变了主意，准备回到南方去搞教育。他们的家人也正在给他们联系工作单位，还约父亲一同到南方去教书。但父亲认为，下了这么大的决心到这边来，现在半途而废很不甘心，所以还是决定留下来等候消息。他送走几位同学后，独自留了下来。这期间他给陈之佛先生写信，请他在重庆那边打听一下，敦煌艺术研究所是否有望恢复，常书鸿是否可能回敦煌，希望陈先生来信告知。

为了生存，必须工作。经人介绍，父亲在兰州一个社会服务处找了份临时工作，给人家写职业介绍信，实际上就是个文书类的工作，借此挣点工资，养活自己。当时生活很艰苦，住的是集体宿舍，睡的是木板床，吃饭自己做，用水自己到黄河边去挑。父亲从小就很独立，他常说："自己的事情自己干，靠天靠地非好汉。"不管生活多么艰难，他总是把应做的事情打理得井井有条。在社会服务处工作时，每天来要求介绍职业的失业工人、逃荒农民、失学青年都有十多位。父亲非常同情他们的处境，但兰州就这么大，用人单位并不多，往往十天半个月也等不来一个雇主，多数求职者的愿望不能解决。看着求职者企盼的目光而自己心有余而力不足，父亲承受了不小的精神压力。

工作之余，父亲总要拿起笔练练基本功，以备到敦煌时绘画技艺不至生疏。当时社会服务处文化组有个姓朱的同事，见父亲画画很勤奋，画得也不错，就告诉父亲兰州新生活运动委员会在办壁报，需要有画家帮画些插图，主要宣传讲究卫生的生活习惯、遵守交通规则等方面的内容，可能有稿酬。

父亲给他们画了几次壁报，果然拿到了一些稿酬，他便用这些钱购买了一些绘画材料。听新生活运动委员会的人说，敦煌也有个新生活运动服务站，于是父亲提出申请，要求到敦煌服务站工作，这样就可以经常去莫高窟看壁画。经联系，那边回答说，去住一段时间可以，但没有长期工作的名额。父亲想，能去住上一段时间，先看看敦煌艺术也很好，后一步的事情再说。正在联系中，忽然接到艺专老校长陈之佛先生的来信，他在信中说："听说敦煌艺术研究所要恢复，常书鸿要回敦煌，他说人手不够，正在重庆找人，我已向他推荐了你。他说在兰州已见过你，到兰州时会去找你，到时候你可与他联系。"这样父亲就不急于先到敦煌去，而是继续在兰州等候常书鸿，同时做去敦煌的准备。

不久，常书鸿先生带家人和几个从重庆新招来的美术工作者来到兰州。父亲见到了常所长，常所长说："在重庆，陈之佛先生向我推荐了你，我知道你的情况。你准备好，我们很快就出发。"父亲立即返回住处，捆好行李，收拾好画具，按约定的时间会合。同行的有霍熙亮、郭世清等几位，还有常书鸿的女儿常沙娜，大概有十几个人。大家挤上一辆卡车便开始向敦煌进发。

汽车很破旧，坐在上面也不太舒服，但有一个好处——车上没有篷盖，可从车上向两旁张望，观看沿途景色。河西走廊多是高山大漠、戈壁荒滩，很多山上没有树木，与四川的绿水青山迥异。但在这广袤的地面上，也散布着一些大大小小的绿洲，绿洲簇拥着城镇和村落，生长着树木与庄稼。河西走廊南面有座长长的山脉叫祁连山，山上还有些草原和森林，长着松柏之类的乔木。远望祁连山，能看到一些长年不化的积雪在发光，偶尔还能看到一长队骆驼在荒原上行走，这是一道在四川看不到的景色。

那时汽车速度很慢，一天顶多开上百公里，沿途在武威、张掖、酒泉都要住宿过夜。有时常所长有事要办，大家也随之下来走走，或买点生活用品。有一天，大约在安西县境内，汽车出了故障，老是修不好，大家便把行李搬下车，在戈壁荒滩上把被褥铺开露宿。司机说这一带气候干燥，常年不下雨，不用怕东西被淋坏。父亲把被褥铺在几丛骆驼草旁边，躺下来休息。半夜被戈壁凉风吹醒，思绪颇多，浮想联翩。

西部自然环境的确特别，与东部南部大不相同。无怪乎古人多有感叹，李白有"蜀道难，难于上青天"之叹，王维有"西出阳关无故人"之警，王之涣有"春风不度玉门关"之感……然而，历史上又有多少人偏偏迎难而上，终获成功。汉代张骞、唐代玄奘沿着这条道路西行时，吃了多少苦。明知前面要遭受磨难，却偏偏要去做，显然是崇高的信念和远大的理想指引并支撑着他们去行动。父亲这次去往敦煌，经历了蜀道之险、大漠之艰，但比起那些从蜀道南来北往、在大漠戈壁东西跋涉的古人来说，条件真是好得多了。比起他们所受的苦，现在经受的这点苦又算得了什么呢？

经过几天的颠簸，父亲终于到达盼望已久的敦煌莫高窟。

1946年，全所员工在莫高窟大门前合影，中排右四段文杰，右三常书鸿。

莫高窟位于敦煌县城东南20多公里处，从县城到莫高窟，除了城郊有些农田、庄稼和树木外，大多是戈壁滩。快到莫高窟时，首先映入眼中的是左手边一座三峰连体的高山，山上隐约有一座庙宇。常书鸿说："这是三危山，山上那座小庙是王母宫，清代时敦煌人修建的，再往前走，就可以看到莫高窟了。"继续前行一段，果然看见右手边远处鸣沙山一处断崖上布满了一层层洞窟，但崖体下部均被窟前茂密的树林遮挡住了。再往前看，树林上方露出一座多层的木构古建筑。树林前则是从南面远山延伸过来的一道河床，河中流淌着清澈的山泉水。莫高窟石窟崖体大约有1500米长，窟和河床之间的狭长地带上长满了树木，大多是榆树、钻天杨和银白杨。林中和河岸旁边还长着一些类似红柳、芦苇和藤蔓之类的植物，远处林中好像有几座平房似的建筑。河中的几股泉水很浅，汽车就从河床上开过去，直接进了下寺旁的大门。大门在一片高大的银白杨树林的下面，有几位喇嘛、道士和当地人出来迎接。

常书鸿所长将新来的人安排到中寺后面的平房里居住。所谓寺院也只是用土坯修建的几间平房而已。敦煌干燥少雨，倒也不担心土坯房被雨水冲垮。父亲把行李放下，顾不上整理和休息，就和一两个同事直接向洞窟走去，急切想看看洞窟内的古代艺术作品。他们穿过一片银白杨、钻天杨和榆树组成的树林，走到崖畔洞窟前，首先入目的就是那座依崖而建的九层楼大殿，里面是一座巨大的佛像，高达数十米，是唐代塑像。楼边有梯子，可以一层层地观瞻大佛。上至最高一层，可以看清大佛头部的造型，极其雄伟。从大佛的规模来看，也可以想到唐代崇佛之盛。接着大家又去大佛殿旁边的洞窟中观看壁画和彩塑，一口气看了几十个洞窟。

后来父亲回忆说，他之前还没有在别的地方看见过这么多的古代壁画珍品，他被这些绚丽精美的作品打动了，忘记了一切，陶醉在壁画彩塑的海洋中。整整十个历史时期，千年的累积，真是杰出的创造，丰硕的成就，卓越的贡献。古代中华民族的智慧和魄力在这里得到了集中的体现。父亲说："我好像一头饿牛闯进了菜园子，精神上饱餐了一顿。"

接连好多天他都是在洞窟中度过的，心无旁骛，有时甚至忘记了吃饭。经过多天专注的查看，他对洞窟的形制格局和壁画彩塑有了一个大概的了解。洞窟中间大多都是佛和菩萨的彩绘塑像，四周墙壁的主要位置也都是佛和菩萨像，旁边和下部绘的是各种各样的佛传故事、本生故事及许多现实生活场景。墙壁上部大体是各种飞天和伎乐天，窟顶正中大多是藻井图案，窟顶的坡形斜面上也有各种佛传、本生、因缘故事画。唐代的一些大幅的西方净土变，往往占据了一整块壁面，规模宏大，辉煌灿烂。由于洞窟大小不一，容纳的内容也有多有少。最下一层洞窟有的空间比较大，不但有整壁的大型山水风俗画，其他墙面上还有多种系列故事画以及供养人的大型画像，就这样一个洞窟就得看很长时间。一些比较小的洞窟内容就相对少一些，但绘制也是很认真的。比如第3窟元代的千手千眼观音就非常精彩。由于年代久远，洞窟遭受长期的风吹沙打、日晒雨淋、鼠啮鸟啄等自然因素和烟熏火燎、手划刀刻、切剥粘揭等人为因素的破坏，一些彩塑已经缺胳膊少腿，有的塑像头部和躯干也受到严重损伤，有的壁画因泥皮风化脱落而斑痕累累、残缺不全，有的地方因触摸碰撞而模糊不清。这些艺术文物上的重重伤痕，使人感到无比痛心。不过这些破损倒也瑕不掩瑜，它们的磅礴气势还在，艺术魅力未减。甚至有些壁画因年久变色，反而呈现出一种特殊的风韵和艺术效果。幸运的是，大部分艺术作品，特别是一些非常重要的作品还基本保存完好。

　　观看了莫高窟的洞窟艺术之后，父亲又和几位同事先后去安西榆林窟和敦煌西千佛洞考察观摩。父亲想了解古代瓜、沙二州地面上的石窟状况，了解它们与莫高窟的关系以及艺术上有何不同。

　　榆林窟在安西县境西南50多公里外的茫茫戈壁深处，在一条凹下去的深谷中。榆林河穿谷而过，河面不宽，但水流湍急，淙淙作响。在河岸上，生长着一些榆树、杨树和沙枣树，不及莫高窟的树木茂盛，显得比较荒凉。两岸峭壁上开凿了一些洞窟，有42个。守窟道士郭元亨当时不在窟区，他们只好自行参观。河东西两岸的洞窟有个比较一致的地方，就是洞洞都有通道相连，参观起来比较方便。不同之处是西岸洞窟有31个，且除了少数几座塑像外，壁画保存不多；河东岸的洞窟则保存了较多的壁画和塑像。父亲认为榆林窟壁画的艺术成就相当高，特别属第25窟的唐代壁画"弥勒经变"和"观无量寿经变"、第2窟和第3窟的西夏壁画"普贤变"和"文殊变"最为精彩，而且保存完好，场面宏大，构图饱满，人物众多，线描精湛，形象生动，色彩绚丽。其艺术水平绝不低于莫高窟同代与其他同时期的作品。榆林窟壁画的风格与莫高窟也有不少相似之处，可以看出当时的壁画家先后参加了两地的创作活动。

西千佛洞坐落在敦煌县城西南的一段河谷边。河岸北侧的砂石峭壁上有十几个洞窟，里面保存了一些优秀的古代壁画，其中比较突出的有第15窟的唐代壁画"观无量寿经变""药师变"和"不空羂索观音"等，画面非常精彩且保存较好。比唐代更早一些的壁画也很不错，但已风化漫漶，不太清楚了。第5窟和第7窟很值得一看。第5窟的塑像腿部破损，可以看出当时泥塑佛像的塑造过程：先用芦苇秆捆扎成内架，再在内架上敷上麻泥，做成人形内胎，以后再在第二层麻泥基础上抹上第三层麻泥，并将其刻画成佛像，然后在此基础上随类赋彩。这为研究泥塑的制作工序提供了真实依据。第7窟的壁画呈现出五种不同的时代风格，可能是不同时代的画师在同一洞窟中多次绘壁的结果。窟壁上方还有几个用土红勾勒的飞天形象，是早期风格，线描随意生动，但不知何故没有在此稿上涂色细绘。

在莫高窟东面的戈壁沙滩中，还有一座东千佛洞，因路途遥远且遗存很少，只能以后找机会再去了。看了这几个散落在莫高窟周边的石窟，父亲的感受是：这些石窟遗迹从其时代、艺术风貌和开凿方式来看，应是与莫高窟有着千丝万缕的联系，实属同一个艺术体系。

当父亲身临其境，面壁观赏敦煌壁画和彩塑之后，他感到原来打算待个一年半载的想法太幼稚了。对于这样一座巨大的艺术宝库，面对如此众多的艺术精品，不花个几年十几年的时间来临摹和研究，是理解不透的。他感到张大千在敦煌待的时间还是太短暂了、太匆忙了，以至于他的有些临本只是画了一个大概，似未完成；还有些临本则是以自己的意愿，对某些壁画造型做了修改。张大千是最早开始大量临摹敦煌壁画的人，行动快，数量多，如果他再多花些时间，做一些更深入的研究，效果会更好。

父亲在洞窟中看到大部分原作色彩都发生了很大变化，但在有些地方，因自然光线照射的角度不同，有些古代壁画还保持着原来色彩的新鲜感，色阶、色度不同的多样处置和渲染层次的变化，显得沉稳丰富。张大千临摹的办法是先用自制的透明纸蒙在墙面壁画上，用铅笔勾画，再拷贝到宣纸上线描，然后由门人学生轮流按张大千指导填色，基本上是单线平涂，和原来壁画的色彩处理有所不同。当然，以前来这里临摹的画家，并没有谁给出一定的标准和要求，因为当时还没有任何机构来管理和规范来访者的行为，全凭个人的认知行事。画家们凭着热情考察莫高窟，已属难能可贵，他们怎么临摹，别人也不好要求。张大千在敦煌做了不少好事，比如对莫高窟的洞窟进行了摸排编号，将临摹的作品在兰州、成都、重庆举办展览，客观上也宣传了敦煌艺术，引起了社会各界对敦煌的关注。

总之，父亲通过对敦煌石窟艺术多天的观察和了解，对古人原作的近距离揣摩，对敦煌艺术的丰富多彩、博大精深有了深切的感受。他下定决心，打算长期留下来，对这伟大的民族艺术传统进行一番由表及里的深入研究，并且要为敦煌艺术的保护研究和传播做出自己应有的努力。

第二章
精研细读　面壁摹绘传神韵

"我被这些绚丽精美的作品深深地打动了，我已经忘记了一切，陶醉在这壁画的海洋之中。北凉、北魏、西魏、北周、隋代、唐代、五代、宋代、西夏、元代整整十个历史时期，千年的累积，杰出的创造……"

经过一段时间的观摩考查，父亲和同事们把对古代石窟艺术的初步感受，向常书鸿所长作了汇报，并表示要尽快开始工作。常所长对大家的热情和干劲表示赞许，他说："美术组人多，要尽快开始临摹工作，这是我们的重要工作，大家要多临摹些作品，但同时还得做一些洞窟内容调查、石窟测量、洞窟编号等工作。这些本应由考古组来搞，但考古组现在没有专业人员，所以这些工作也要由美术组来做。段文杰你担任美术组组长，把工作抓起来。总务组组长由霍熙亮担任，但也得把保护组的工作代管起来。山上的流沙不断往下滑，有些堆积在下层洞口，阻挡了进洞通道，叫范华到县城周边招些民工，把这些积沙清除掉。"大家都赞同常所长的安排，表示坚决支持。

父亲本来就已做好进洞临摹工作的准备，听了常所长的安排，就立即把美术组同事们请到一起商讨，父亲说："原先没有研究机构在这里管理，谁到这里来都是自行其是，对文物的保护很不重视。现在有了敦煌艺术研究所，工作应有计划、有标准，一方面要把临摹工作搞好；另一方面还要注意保护好古代壁画和彩塑，不能损坏文物。先前来的画家，好的经验我们要学习，但有损于壁画原作的临摹方法必须改变。比如用透明纸蒙在墙壁上用铅笔过稿的印稿法，必然对壁画造成伤害，我们要采取写生式的办法来临摹，难度肯定是要大一些，但可以减轻对文物的损害。在挪动梯子、板凳、画板等用具时要小心谨慎，不能碰坏壁画。在洗笔蘸色等过程中，决不能把颜色甩到窟壁上。临摹一定要忠于原作，不要随意在临本上改变壁画的造型原貌和色彩。临本是要给别人看的，要让观者看到敦煌壁画的真实状态，看到古人的敦煌画风，而不是让观众看我们进行了加工改造过的所谓的敦煌壁画。"同事们都表示一定加倍注意。大家陆续进入自己选好的洞窟工作，父亲也带好笔墨纸砚、颜料、调色碟和水瓶罐，提上凳子、画板，进入洞窟开始临摹。

莫高窟的洞窟基本是向东的，上午阳光射向崖面，小一点、浅一点的洞窟光线就比较好，而那些大洞窟高而深，洞口又比较小，里面就比较暗。大家想了个"借光法"，用镜子在洞外把阳光反射到洞里的白纸板上，这样洞窟就亮起来了，只是要随时根据阳光变化移动镜子，以适应阳光的折射角度。高处看不清，则要架起人字梯，爬上去看看，再下来画画。有时为了画一个局部，要上下许多次。画低处的局部时，还要在地上铺上毡子或布，趴在地上作画。特别是在一些墙壁拐角处，古代画家画起来特别难，现在的人临摹起来也不容易，临摹一面墙拐角处的画，还要防止触碰到另一面拐角处的画，所以在洞窟里作画是很辛苦的，不仅要用脑力，还要靠体力。好在都是年轻人，身体还吃得消。

父亲最先从临摹早期壁画入手，开始时主要临摹一些局部形象，如一尊佛像、一身菩萨、一组舞蹈、几个天宫伎乐、几个力士、几个动物等。因为局部的构图和形象比较好掌握，一般不容易出错，而整幅壁画内容繁多、场面大，在没有掌握壁画内容、没有厘清其内在规律和外在关系的情况下，可能把握不好。所以在临摹大型壁画的时候必须要全面了解尺幅、构图、色彩配置关系等一系列画面因素，成竹在胸，才能避免失误。只有多花费一些时间和功夫，反复观察，上下比较，左右对照，反复推敲，才能准确起稿，然后拷贝到另一张纸上，再面对原画勾勒和上色。先前一些人采用的印稿法现在坚决不能沿用。

对父亲来说，这种面壁临摹是一件新鲜且有意义的事，因而热情高，干劲足。有几个原因促使父亲认真对待面壁临摹这件事。一是他确实想从敦煌壁画中学习一些好技巧、真功夫。敦煌壁画在线描造型、色彩晕染、神态刻画、章法变化上有他在其他地方没有见过的高超绝技，父亲想尽快识于心，学到手。二是因为他看到了敦煌石窟的现状。窟内文物已经发生了很大变化，而时间、气候、环境、风沙、光照、地质、生物、人为等各种内力和外力的影响，会让窟内文物损害得更加严重，以后壁画画面会更加漫漶不清。所以必须抓紧时间，通过临壁摹写这种手段把这璀璨的艺术遗迹承留下来，这也是一种保存的手段。三是当时的摄影技术还不足以让国内外观众了解到敦煌艺术的具体面貌。当时的黑白照片不仅小，而且反映不出敦煌壁画辉煌色彩的效果。同时因为交通不便，许多人是到不了敦煌的。而敦煌壁画临本可以通过展览传播其艺术魅力，使国内外观众领略中华民族艺术传统的伟大。因此父亲在临摹中争分夺秒，废寝忘食，克服困难，勤奋作画，尽力争取多临摹一些作品。

为了把临摹工作做好，父亲特别注重动笔前的研究：一是摸清古代画师创造的画面形象的思想来源和生活依据。如在临摹净土变中的反弹琵琶舞乐图和其他舞蹈动作形象时，父亲发现，古代画师就是根据《称赞净土佛摄授经》中的"无量无边众妙伎乐，音曲和雅，甚可爱乐"这几句抽象语言，以现实宫廷乐舞为参照，来创造幻象世界的具象乐舞图的。此外还要了解乐器和舞姿的来源，这样才能在幻象和现实形象的结合中升华艺术的感染力。在临摹"维摩诘经变"时，父亲先查看了《佛说维摩诘经》中十四品的内容，摸清了这部经十四品的底细，这才认识了这幅画复杂内容的结构规律，体会到古代画师营构这种喜剧性作品时的丰富想象力和创造才能。如果要理解"弥勒经变"这样大型画面的构图处理和艺术匠心的特色，也得看看名僧法护翻译的《佛说弥勒菩萨下生经》所宣讲的弥勒出现时显现的"国土丰乐""谷食丰贱""时气和适""四时顺节""果树甘美""城邑次比""秽恶消灭""人民炽盛""智慧威德""人心平均""善言相向"等安稳快乐的幻象世界。这正是身处艰难时世中的广大民众所渴望的美好世界。而画家在创作时把佛教的经文内容与人民群众的理想追求有机结合了起来。搞明白这些关系，临摹起来就顺利多了。对"天请问经变"这样的巨构，如果不事先研究玄奘译经的内容，对画面中出现这么多的人物和场面就会不知所云，临摹起来就会增加一些困难。临摹"张骞出使西域""张议潮出行图""宋国夫人出行图"这样一些反映历史事件的壁画，就必须对中国历史和敦煌历史做一番了解，特别是要对敦煌于公元前111年建郡至公元366年莫高窟开始建窟前这四百多年间的汉晋文化积淀情况、丝绸之路开通情况和两晋时期佛教传入敦煌的活动情况，以及366—1368年这千年间敦煌历史演变、佛教思想和中国思想文化的融合过程，中国中原文化艺术、敦煌本土的汉晋文化艺术与佛教艺术的联系及其重要历史阶段、历史事件、历史人物有所了解。把握住内容，也就掌握了理解画面艺术处理的钥匙。二是辨别各时代壁画的风格特征。父亲对从北凉到元代的十个时期的千年壁画进行了认真的分析，发现敦煌壁画纵横交错，互相影响，风格复杂。但就现存面貌来说，归纳起来主要有四种：一类是变色严重的早期壁画。主要是北凉、北魏、西魏、北周时期的壁画，深沉厚重，朴拙狂怪，造型夸张，奔放激越。一类是大半变色的中期壁画。主要是隋唐壁画，浓艳华丽，精致细腻，端庄秀美，古色古香。一类是后期壁画。主要是五代、宋、西夏和元这几个时期的壁画，表现出温和沉厚、清秀雅致、粗放疏松、简约圆柔的特点。还有一类是从重层壁画剥出的魏唐壁画。它们未全部变色，新鲜明丽，爽快潇洒，层次深润，丰圆高雅。所有这些都是岁月赋予的第二形象，完全没有变色的新壁画是没有的。对研究者来说，不管是原貌的还是变色的壁画，都有其艺术价值和审美作用，都应当认真研究。三是要弄清各时代壁画制作的流程和方法。经研究，父亲发现，洞窟壁面是在砾岩上抹麦秸粗泥，再上麻刀或棉毛细泥，晾干压紧磨光而成，早期壁画就是在这样的泥壁上作成的。作画前，先用木匠弹线法分割画区，四壁的中部为主题画，上部为千佛、天宫伎乐，下部为神王药叉、顶部平棋。隋唐以后多在泥壁上画大型经变，经变下排列供养人或屏风画。早期古代画师作画的第一步——起稿是用土红作人物大体形象，书以色彩符号，第二步是按照标记的符号上色。上完色再以深墨线定型，这是一道关键工序。隋唐壁画开始用粉本起稿，有两种粉本，一种在厚纸或羊皮上画出形象，用针沿线刺孔，再将羊皮钉上墙壁，用土红色拍打留痕，再以墨笔连点成线，即成墙上画稿；另一种粉本即小样画稿，在古代叫白画。画师参照白画在墙面自由作画，给墙面白画着色后，稿线会模糊。最后就要用深墨线定型并开脸传神，才算完成。摸清了作画程序，领略到古代画师的聪明才智、精深的修养和炉火纯青的表现，临摹时才会成竹在胸，得心应手。

除此以外，父亲还对敦煌壁画的三个技术性极强的环节进行了分析和反复练习。这就是线描、晕染和传神技巧。

线描是敦煌壁画的主要艺术语言，它既是造型的骨骼，又有审美的内涵。敦煌壁画继承了中国古代线描的优秀传统，又创造性地发展了线描艺术。敦煌壁画中的线描种类很多，从功能上讲有起稿线、定型线、提神线和装饰线。定型线有三种不同形态：早期主要为铁线描，中期主要为兰叶描，晚期主要为折芦描和以多种线描塑造同一形象的综合线描画法，将线描艺术的表现力发挥到极致。但每种线描的使用变化是多样的。同样是铁线描，有的如行云流水，有的可曲铁盘丝，北魏用得稳，西魏用得活。用笔中的停顿转折、轻重虚实都可以影响线描的效果。古代画师还针对洞窟壁画的环境特点创造出了接力线、合拢线和旋转线等运笔技巧。这些都需要反复练习，才能掌握并传达出线描的神韵和情感。

除了线描的特殊作用，色彩的晕染也是敦煌壁画塑造形象的重要环节。敦煌壁画无处没有色彩，如果说线描是敦煌壁画形象塑造的骨架，那么色彩就是敦煌壁画的血肉之躯。敦煌壁画中的每一幅画、每一方图案，都是一首色彩的交响乐。敦煌壁画因色彩而丰富，因色彩而绚丽，因色彩而辉煌，因色彩而响亮。

父亲分析了敦煌壁画色彩的演变规律和时代特征，又总结了古代敦煌画师的赋彩程式和晕染技巧，认为对人物面相、肢体和衣饰的晕染特别重要。不论是衬色、涂色还是填色，不论是凹凸晕染法还是红晕法以及后来的一笔晕染法，都必须巧妙地根据造型结构果断用笔。这样才能表现出色薄味厚、有血有肉的质感。父亲在临摹壁画的过程中，吸取了先前一些画家临摹中的经验和教训，在赋色方面避免了单线平涂、用几种主观设想的色彩配置涵盖所有临本的色彩趋向，避免了浮躁单调的临摹效果，重现了敦煌壁画丰富多样的色彩调配、晕染层次的深浅变化和响亮沉稳的高雅风采。

还有一个技术性要点就是敦煌壁画的传神技巧问题。敦煌壁画的传神，是通过人物的眼神、五官肢体的动态变化来表达出来的。眼神非常关键，敦煌画师在艺术实践中创造了许多画眼的样式，把现实生活中观察到的眼睛的活动状态概括、提炼、凝结成美的样式。如喜悦、沉思、慈祥、愤怒、哀愁、惊讶等都有特殊的造型。眼睛是心灵的窗户，在传神中起着主要的作用，但没有五官变化和身姿、手势、体态的配合，也很难深刻展现人物的精神状态。

父亲在临摹壁画的过程中，利用一些休息时间，随时对线描、晕染、传神等运笔技术进行反复的练习、反复的实验。比如头发、面相、手姿、足形、衣纹等，不知在废纸上练了多少遍，直到熟练掌握。正因为坚持多方面的研究和画法练习，父亲的临摹工作终于达到得心应手、形神兼备的地步。

从1946年后半年开始，父亲就进入了紧张的壁画临摹工作。最早选取的是251窟、254窟、249窟、285窟、296窟、435窟等几个早期洞窟。这些洞窟的壁画以北魏、西魏和北周壁画为主，特别是那些拙壮狂悍、奔腾激越的力士和灵活夸张、神态飞扬的天宫伎乐，很吸引父亲。这些画热烈奔放，沉稳凝厚，散发着一种以前从未见过的独特的冲击力和新鲜感。在艺专学习美术史的时候，他知道一些西方现代画派中的表现主义画风，如鲁奥等人那种粗狂拙朴的勾勒和染色风貌，与敦煌早期塑造力士形象的用笔方式似有些相似之处，但敦煌力士和天宫伎乐所特有的动态夸张变化、恣纵飞扬的律动韵势则是鲁奥画风所没有的。

父亲充满了绘画的激情，连续在早期洞窟中寻找着那些力士的画面和身影，在纸上起稿、勾勒、赋色、整理。经过数十天的苦战，完成了近30幅早期力士像。这些力士都是两人一组或三人一组，有的站在山坡上狂扭劲舞，有的手持乐器倾情弹拨，身姿旋腾，披巾飞扬，动感强烈。更有双面联体舞者造像，还有兽首人身的怪异造型，充分体现了早期敦煌画家丰富的想象力和大胆泼辣的绘画风格。其中尤以251窟、254窟的北魏力士，249窟、285窟、288窟的西魏力士和428窟的北周力士最具代表性。

在完成一批力士形象的临本后，1946年底父亲又把精力集中在天宫伎乐形象的临绘中。天宫伎乐表现的是活跃在天庭里的器乐演奏场景，画面基本上是十人一组、八人一组、三人一组或两人一组演奏乐器，人物四周的建筑物上有一些简单的图案装饰，与力士画面相比丰富多了。画面人物基本上是成排组合，在整齐划一中每个演奏者又姿态各异，或俯身弹拨，或仰面敲拍，或侧身吹奏，或扭身击掌。色彩沉稳中显现高雅，线条粗壮，韵味悠然。其中251窟北魏的十人伎乐图、249窟和288窟的三人伎乐图和双人伎乐图，以及304窟隋代十人伎乐图最为精彩。与狂野张扬的力士形象相比，天宫伎乐的造型显得丰满而修长，秀美雅致。由于天宫伎乐一般都绘制在窟墙的上部，观察摹写要费些工夫。为了完成临摹，父亲在人字梯上来回上下了不知多少次，有时为了抢时间，宁可饿着肚子，不能按时吃饭是常事。父亲认为，只要能临摹出一些好画，这些辛苦付出都是值得的。

动物是敦煌壁画中经常出现的生灵，与人类的生产生活息息相关，因此，父亲把敦煌壁画中的动物形象也作为一个重要科目来加以研究和临摹。1946—1947年，他临摹了许多单独的动物形象和与人共现的同处画面，总共有六七十幅之多，其中有家畜，也有野生动物，还有神兽。

比较特殊的艺术性强的有257窟北魏"翼虎"（图1），图中用夸张的手法勾画了一只背生双翅、弓腰翘尾、阔步前行的神虎，造型夸张，线描生动。第249窟西魏壁画中绘有一只九首神兽长尾上卷、双翅扇动、扬脖跨腿的形象，被称为"开明神兽"（图2），还有一只猴有趣地望着它，艺术手法与"翼虎"相当。同是这窟的"野猪群"（图3）是一幅相当精彩的西魏作品，画面上下都是赋彩山林，中间一只大野猪带着一群小野猪正在行走。这群野猪完全是用白描的方式塑造的，群猪身上未上色，线描流畅自如，鲜活生动，上色山林和白描群猪形成鲜明的对比，表现了西魏艺术家高超的线描技法和色彩创意。

图1　莫高窟第257窟北魏翼虎图，1946年临摹。

图2　莫高窟第249窟西魏开明神兽图，1947年临摹。

图3　莫高窟第249窟西魏野猪群图，1947年临摹。

285窟中的"黄羊"有两幅,一幅(图4)是描绘一只黄羊在一棵树下昂首向上面的树冠张望,神态动作生动,憨态可掬。周围山石、树林疏密有致,树木树干的画法极有西魏特色。另一幅画(图5)中绘有一只黄羊在水池中饮水,背后几座尖圆山峰用黑墨、灰、土红等分层涂染,既表现了山间葱翠浓淡的山色变化,又表现了树木欣欣向荣的生长态势,展现了西魏山林的特殊审美趣味。

428窟的北周"双猴"(图6)描绘两只猴子正在树下采摘树叶的情景,其中一只手里拿着一片树叶,另一只打算向

图4 莫高窟第285窟西魏黄羊图,1946年临摹。

图5 莫高窟第285窟西魏黄羊图,1948年临摹。

上采撷。猴子造型
用简约淡粗线描出，
双猴的塑造生动准
确，又不多费笔墨。
树叶的大块绿色和
双猴的灰色既形成
对比，又温和协调，
这幅画可以看出敦
煌北周画风的一个
侧面。

图6　莫高窟第428窟北周双猴图，1946年临摹。

　　296窟隋代的
"虎与鹿"（图7）也
是一幅很生动的动
物画面，画中下部
山岩间一只鹿正在
向前行走，它的后
方有几只幼虎紧紧
盯着它。中间一块

图7　莫高窟第296窟隋代虎与鹿图，1948年临摹。

土红色的山岩隐藏着一只大虎张嘴从上往下扑行，眼睛也正
牢牢地盯着那只鹿，危险正在临近。这幅画的动态描写和神
情刻画相当生动。土红色的山峰树木与前面的黑绿色山岩形
成对比。隋代壁画是一个画风大转换的时期，这幅画是其艺
术转换过程中的一个瞬间。

301窟隋代的"虎群与马"(图8),画面中前面溪畔有几匹马在饮水,中间一带黑绿相间的山崖后面,一只大虎带着七只小虎正在一片林地上嬉戏,似乎并没有发现前面的马匹。从这幅画可以看出隋代的山石画风圆浑无锐角,与西魏的画风大相径庭。该画构图很巧妙,画面上的树形也与西魏不同。

217窟盛唐时期的"华鸭"(图9)是整幅壁画中的一个局部,父亲这幅临本是描绘荷池中两只鸭子在水上游憩,一动一静。池中水波荡漾,荷叶张盖,荷花盛开,蓓蕾初放,双鸭自得其乐。水边有一些建筑物相衬,相映成趣。从这幅

图8　莫高窟第301窟隋代虎群与马图,1947年临摹。

画可以看出唐代画风的细腻丰润，中原工笔画的精描细写的画风已然在敦煌壁画中结出硕果。

419窟"骑马出游""车骑图"（图10、图11）是典型的隋代画风，人物、动物与环境紧密融合。大笔挥扫是隋代壁画的常用手法，因此它的画面往往奔放潇洒、圆浑厚重。石青、石绿、白色、褐色组成了深沉冷峻的交响曲，使隋代壁画在整个敦煌壁画中独树一帜。父亲的这几幅隋代壁画临本，可以说把隋代壁画潇洒奔放、随心所欲的用笔特色表达得真切到位，没有认真的研读和演练是做不到的。

图9　莫高窟第217窟盛唐华鸭图，1947年临摹。

图10　莫高窟第419窟隋代壁画骑马出游图，1947年整理临摹。

图11　莫高窟第419窟隋代壁画车骑图，1947年整理临摹。

1947到1948年上半年，父亲又集中精力临摹了一批人物头像、供养人像和早期飞天。其中285窟西魏时期的"男供养人像"和"女供养人像"（图12、图13）每幅都是七人。"男供养人像"前六个人的脸和身体都向左，最后一人身向右脸向左。帽式都不相同，发髻也各异。最前面一人戴纱冠着长服，其余都是短服白裤尖鞋，衣服下摆都呈尖角形。看样子，除第一人以外，其他都是侍从角色。"女供养人像"也是

图12　莫高窟第285窟西魏男供养人像，1947年临摹。

图13　莫高窟第285窟西魏女供养人像，1947年临摹。

七人，全都面朝右而立。第一人头梳双髻，手持香炉，身着裙服，裙侧有三条飘带向后飞扬。其余六人衣裙格式一致，发式不同，可能也是婢女身份。这些人像线描流畅，造型清瘦，衣袖下摆皆是尖角，向后飘动，人物造像手法完全呈现出西魏的审美趋向。

390窟隋代"女供养人及乐队"（图14）的画面分为三部分，前面三人个头高大，手持花枝。第一人头梳双髻，服饰艳丽，体态雍容华贵，像是女主人，身后有四人提拉长裙后摆，应是丫鬟。第二、三人也是持花，像是女主人的家人。最后一组共八人，各人手拿乐器演奏，是主人请的乐队。此画高度变色，人物面部模糊，但体形修长秀美，仪态高雅端庄，画面颜色深沉中有变化。

图14　莫高窟第390窟隋代女供养人及乐队图，1947年临摹。

图15　莫高窟第299窟隋代龛楣图，1947年临摹。

299窟隋代"龛楣"，描绘一群伎乐天聚集在夸张变形的树丛花枝间的画面（图15）。其中四人散坐，分别吹箫、吹笙、弹琵琶、弹箜篌，另有一人立于高处举手抬腿跳跃劲舞。此画用笔粗放自由，韵味十足，画面虽变色严重，但呈现出一种奇异的效果。

父亲这期间还摹写了一批各个时代的人物头像、供养人像及伎乐舞蹈人物。如220窟初唐"各族王子像""侍臣头像""药师神将头像""维摩诘头像"，45窟盛唐"菩萨头像"，130窟盛唐"少女头像"（头系红绳）、"少女头像"（头戴簪花），194窟中唐"女供养人"，36窟五代"龙王头像""龙女头像"，409窟"回鹘王供养像"，285窟西魏"飞天"，290窟北周"飞天"，205窟盛唐"舞伎"，85窟晚唐"乐队"，156窟晚唐"舞伎"，172窟盛唐"舞伎"，98窟五代"舞伎"等。

唐代是中国历史上最为开放的时期，丝绸之路上的经济文化交流相当频繁，中原地区和长安地区的文化创作也非常活跃，中国绘画中的工笔画法已经达到炉火纯青的地步。从隋代开始，工笔画风就在敦煌壁画中陆续被吸纳。至唐代更是被广泛采用到许多大型经变画中，加上敦煌古代画师的创造性发挥，取得了良好的艺术效果。在唐代文化思潮和艺术审美的影响下，敦煌的壁画创作进入大变化、大转折、大制作、大辉煌的新时期。大型经变画层出不穷，涉及社会生活的题材内容越来越多，构图越来越丰满、充实、宏大，人物形象越来越鲜活，性格神情刻画越来越深入，色彩的运用越来越讲究，线描越来越高超，晕染越来越巧妙，造就了敦煌壁画雍容华贵、润泽明丽、精美雅致、辉煌灿烂的新风格，并对五代以后的画风产生了很大影响。

　　父亲从唐代及以后的壁画的局部和人物形象入手，从临摹中研究唐代壁画塑造人物形象的优秀技法，着重研究古代画师在人物头像中的线描勾勒、性格神态的刻画手法和人物面部色彩晕染的高超技巧。通过他认真扎实的研究和刻苦钻研，他的这些临本都达到了预期的效果。

　　父亲很重视研究敦煌壁画中全身性和群体性人物肖像画的描绘技巧，在临摹研究中发现伎乐天和天宫伎乐的不同点是：天宫伎乐的位置固定在建筑物中，而伎乐天是手持乐器在天空飞翔，飘逸灵动，神采飞扬。父亲研究临摹的205窟唐代舞姬的舞蹈动姿，无论是勾腿、扬手，还是随舞蹈动势摆动披巾都很生动。肤色浓淡适中，衣饰用色沉稳明快，这是女性人物的典型画法。

敦煌壁画是以人物画为主的，然而人物活动的自然环境也不能忽视。虽然山水环境处于从属地位，但敦煌古代画家还是非常重视山水画的描绘。各个时代的山水画也是各不相同，各具特色。早期山水画多为图案化处理，装饰性较强，与人物画画法相匹配，也很有特点和审美价值。后期的山水画就逐渐具象化，但和那种独立的山水画体系还不一样，始终有一种壁画特色。

父亲研究和摹写的临本有 285 窟西魏的两幅"山林"，172 窟盛唐的"山水"，217 窟盛唐的"山林休息""林中骑行"，323 窟初唐的两幅"舟渡"，112 窟中唐的"山林修行"、"山中剃度"、两幅"山水"、两幅"礼拜僧人"，194 窟中唐的"山水城楼""山石城楼"，159 窟中唐的"挤奶图""坠落""战骑""山间遇虎"，36 窟五代的"山泉""山水"等。从这些临本可见西魏壁画山水的绘制特点是：山峰高耸，山体用石青、石绿、黑色、土红等分段横涂；树冠一般呈伞形覆盖状，以树冠上有规律的圆点表示树叶。总之，早期壁画的山水造型比较抽象化、图案化、装饰化。

唐代山水绘画中，写实性的因素逐渐增加，山岩造型更具体、更深入，用笔起伏转折更加充分，树干和枝叶也更具体化，芭蕉、柳树、杂树、花木都更真实生动。林木山石的精描细画以及人和山川树木的大小比例，更符合生活的真实感受，和早期壁画中的"人大于山"的处理手法大异其趣。唐代山水画还出现另外一种画法，如初唐323窟中的"舟渡"，完全是用宽长笔触挥洒出来的没骨画法，非常自由奔放，是唐代山水画的另一种表现。

五代和宋代的山水画与唐代又不一样。36窟五代的"山泉"和"山水"中，山石、树干、树叶、泉流、溪水及江河波纹的娴熟勾写技巧令人叹服。61窟的巨型山水环境画更是气势大、空间广，青绿山石和各种建筑、道路、水流、人物、动物穿插其间，大量的青绿色和深浅不同的土红色呈现出一片格局广大的新天地，一派人间风俗画的祥和景象。

1947年夏，敦煌艺术研究所又招来几个人，他们是孙儒僴、欧阳琳、黄文馥、李承仙等。孙儒僴、黄文馥、欧阳琳、薛德嘉是四川艺专毕业，李承仙是国立艺专西画班毕业。常所长通知父亲去迎接他们并将其安排到美术组工作。1946年来的霍熙亮、郭世清、范文藻等也都来迎接他们。大家聚集到中寺院子里寒暄，都是热爱敦煌的人，其中还有几位是四川老乡，所以谈得非常畅快。范华等总务处的人按常所长的吩咐把他们的住所安顿好，还招呼他们吃了顿敦煌风味的晚餐。先来的人提醒他们敦煌的水和外地的不一样，初到的人喝了会拉肚子，时间一长习惯了就不会了。

第二天，父亲和范文藻等人带他们到洞窟里参观，向他们介绍洞窟壁画和彩塑的情况。父亲还介绍了前阶段美术组的工作及他自己研究临摹的体会和经验，父亲说："我们要多临摹一些壁画，为将来的展览做准备。这既是一个很好的学习机会，又能为保存古代艺术遗产留存资料，还能为传播敦煌艺术贡献力量，何乐而不为呢？不过大家在洞窟里要注意保护壁画。敦煌壁画经过一千多年的漫长岁月，经各种因素的影响，已经发生了很大的变化，变色严重，形象破损。现存有三种色彩关系，一种是少量的原色壁画，色彩比较鲜艳；一种是大部分变色，但形象还能基本看清；还有一种是颜色有些变化，部分地方有破损脱落，可以有根据地把破损处补起来。赋色方面，要认真研究每个时代的区别和不同洞窟的色彩配置、晕染特点。这是我的体会，到底怎么临摹好，还是根据你们观察研究的情况自己处理吧。为了互相促进，我们可以经常聚在一起，互相观摩，互相评议，肯定好的地方，指出不足之处，以利改进。"大家觉得这个办法可行，便都分头在自己选取的洞窟中开展临摹工作。由于大家互相切磋，共同促进，临摹工作取得了一定的成绩。虽然莫高窟的生活条件差，工作中的困难也不少，但是做的是自己喜爱的事情，因此大家都觉得乐在其中。

除了临摹，还有大量的洞窟编号、洞窟测量和洞窟内容调查工作。父亲认为这些工作对美术组的人有好处，可以增强大家对石窟艺术更全面、更深入的了解，所以组织美术组的人积极认真参与其中。从1947年后半年开始，到1948年四五月间，这项工作才告一段落。

莫高窟的编号，首先是法国人伯希和在20世纪初为拍摄照片的需要而编制的，杂乱无章，并不全面。20世纪30年代，甘肃官厅也为莫高窟编了一次窟号，共计353号，但标记大多脱落，多有遗漏。张大千到莫高窟后也编了一次号，共计309号，也不够全面。1943—1944年，史岩和李浴又在张大千编号的基础上编了一次，共计437号。经父亲他们查对，这些编号极不一致。原因是编号人员多是根据自己的需要而编的，在洞窟的取舍上各有标准，差异较大。张大千在编号时，有些大洞里套的小洞（可称"耳洞"），没有立号。其实有些耳洞的内容比较完整，有独成一洞的价值。这样算下来，再加上新发现的被沙淹没的洞窟，总数变成469个，这是当时的情况。至60年代，配合崖壁洞窟加固工程进行考古清理时，又发现了一些洞窟，总的编号达到492个。那个时候，给洞窟编号是根据艺术价值和有无文献资料来确定的。在莫高窟的北区还有不少空闲的洞窟，里面没有艺术遗迹和文献资料，于是被判定为过去僧人和画工的居所，所以没有编号。

　　莫高窟常年不下雨，好在窟前有一条大泉河，以前的人从石窟的南边开了一条渠，将河水引入窟区，浇灌树木和果园、菜地。大泉河和这条渠实际就是莫高窟人的生命线。冬天要到河上砸冰化水使用，虽然水质不太好，但足以保证生活所需。

　　当时所里有两个懂点技术的工人，一个叫窦占彪，一个叫周德信。窦占彪是泥瓦工，做些修缮洞窟、修建厨房厕所等的具体工作，之后的几十年一直搞土木维修。周德信是木工，给所里做些桌椅板凳，还种菜种瓜，管理果园。瓜果蔬菜改善了职工生活，得到大家的表扬和尊重。周德信老实忠厚，勤俭度日，舍不得吃穿，把发给他的薪水都包好存放在木箱里，日久天长也积了半箱。谁知1948年冬，金圆券贬值，吃苦受累积攒的钞票变成了一堆废纸，他抱头痛哭，一气之下点火烧光了这些钱，从此郁郁闷闷，直至卧床不起。同事们把他送进城里就医，父亲他们不时进城去探望，几个月后，他还是撒手西归了。大家含泪送别，为他举行了追悼会。

那些年国民政府给研究所发的工资不多，而且经常不能按时发，遇到货币贬值，更是吃了上顿没下顿。幸好莫高窟前还有些土地，大家种点粮菜瓜果，养点鸡羊，还能维持简单的生活。交通不便，物资匮乏，远离亲人，这是当时的实际情况。但大家都能克服困难，一直坚持为保护中华民族优秀的文化艺术遗产努力工作，心甘情愿贡献自己的青春年华。

1947年后半年到1948年上半年，父亲除了完成一些必需的事务性工作，仍然坚守在临摹壁画第一线。完成的临摹作品有57窟初唐的"维摩诘经变"，321窟初唐的"四菩萨"，335窟初唐的"维摩诘经变"，320窟盛唐的"坐佛""观无量寿经变"，159窟中唐的"挤奶"，12窟晚唐的"嫁娶""骑战"，419窟隋代的"须大拏太子本生长卷""须大拏太子本生三层横卷"，328窟西夏的"四菩萨像"，76窟宋代的"骑羊象菩萨"等。

57窟"观音菩萨像"（图16）是一幅立姿观音全身像，头戴佛像冠，后有双层光环，胸系曙红斜纱，腰系深红短裙，短裙下是深褐色长裙，赤脚站立于放大的莲蓬之上，双手持莲花枝，浅蓝色的长披肩两头绕过双臂自然垂下，耳、肩、胸等处装饰着珠宝璎珞。人像面部及颈、手、脚造型均似女性，而唇部及嘴下却勾描着小胡子，表现了中国观音由男性向女性转换中的非男非女的无性化形象。这幅画线描流畅精妙，晕色丰润多变，体现了初唐壁画工笔重彩的华丽画风。

图16　莫高窟第57窟初唐观音菩萨像，1947年临摹。

图17　莫高窟第321窟初唐四菩萨图，1947年临摹。

　　321窟"四菩萨"（图17）是一幅现状临摹壁画，菩萨上身肤色全部变黑，但造型轮廓尚能看清。下部墀阶上的装饰图形和色彩清晰可辨。菩萨的身姿各不相同，可见古代画师在创作中的匠心智慧。

　　335窟的"维摩诘经变"（图18）是一幅大型的经变画，也是多幅维摩诘经变中内容最全面的一幅。虽然墙壁已经全部变色，但所有形象在变色基调上仍能看清，可以进行现状临摹。这幅壁画以维摩诘示疾、文殊问病为主体。帝王将相前呼后拥，神佛弟子纷至沓来。维摩诘坐宝帐，头戴白纶

巾，身披鹤氅裘，凭几探身，手挥麈尾，侃侃而谈。文殊菩
萨坐双狮宝座，合掌施礼，探问病情。文殊身后簇拥着十弟
子，宝座下方是中国皇帝出行，仪仗庄严。维摩诘帐下为各
国王子、吏员、天龙八部诸神和阿修罗侍，形成了巨大的问
病场面。宝座和宝帐的上方及后方，种种佛经神变故事穿插
散布在青山绿树之上，祥云缭绕之间，形成了气氛热烈、统
一和谐的完整结构。父亲以他敏锐的观察力和写实技巧完成
了这幅临本。这幅临摹作品，在整体变色中显现不同的色阶
色相，做到了色彩单纯中见丰富、模糊中见形象，成为现状
临摹中的优秀作品。

图18　莫高窟第335窟初唐维摩诘经变图，1948年临摹。

320窟盛唐时期的经变画"观无量寿经变"（图19）也是一幅现状临摹壁画，所有人物的肤色全部变黑，其他如天空的五彩祥云、亭台楼阁、花树池水、玉墀彩栏、华盖宝座等一应设施全未变色，明晰雅致，保持原状，是研究唐代壁画在色彩配置和渲染等方面的原始资料。这张画比较大，是用两张纸分别画出上下部之后再对接起来装裱的。画面中部的宝

图19　莫高窟第320窟盛唐观无量寿经变图，1948年临摹。

池平台上，无量寿佛居中心，观音、大势至菩萨和诸菩萨聚集两侧，合称"西方三圣"。下层中部台墀中是舞乐场面。一舞者双手持彩带漫舞，十人乐队分坐两旁演奏。舞墀两边的玉墀上有佛和菩萨聚坐。台下水波荡漾，莲花盛开，花朵上坐小型菩萨，两边石块上还有迦陵频伽在奏乐。上部为亭台楼阁、宫殿等建筑，佛和菩萨坐拥彩云在天空飞翔，乐器不奏自鸣，天乐飞扬，音韵响彻云间，形成一种神秘而轻快的佛国景象。这是一幅典型的"观无量寿经变"图。

159窟中唐的"挤奶"（图20），描绘佛弟子阿难在农家乞讨、农妇为其挤牛奶的情景。

图20　莫高窟第159窟中唐挤奶图，1974年临摹。

　　12窟晚唐的"骑兵""骑战""嫁娶"分别描绘了骑兵部队举旗前进的队列状态，敌对双方的骑兵在河岸激战厮杀的场景，唐代民间婚礼中的跪拜、宴饮等欢乐情节。这些画显示了古代画家的创作与社会现实生活的密切关系。

　　419窟隋代的"须大拏太子本生"横卷（图21），连续呈现了太子向梵志施象、王子请求国王开库济众、王子向婆罗门施马、王子向婆罗门施车、王子向婆罗门施子为奴、婆罗门二子大街出售、国王重金买回二孙、得王子下落的场景。情节描写细腻真实，人物、建筑、山川、树木布局紧凑和谐，用笔泼辣奔放，色彩青、绿、黑、紫、褐、白等自由搭配，清冷厚重，整体感很强，是不可多得的艺术杰作。

　　328窟的"四菩萨像"（图22）是西夏时期保存完整、色彩如新的工笔群像画。这幅现状临摹作品真实地反映了西夏壁画的风貌。四菩萨并排站在莲花上，头后有图案化的光环，

图21 莫高窟第419窟隋
代须大拏太子本生图（部分）。

头顶有华盖。四人手姿各异，披巾飘卷于身旁。整幅壁画以
土黄为基调，朱磦、橘黄、紫、绿等散布其间，烘托出一种
温和明快的画面效果。

图22 莫高窟第328窟西夏四菩萨像，1947年临摹。

76窟的"菩萨骑羊象"(图23)很特别,是菩萨骑在羊身上,羊又站在大象背上的奇异情节。这幅作品背景深沉,造型准确,主体形象为白色,用土红勾了线,菩萨形象简约,但羊身非常夸张,是壁画中的特别样式。

图23　莫高窟第76窟宋代菩萨骑羊象图,1947年临摹。

莫高窟远离敦煌县城20多公里，中间还隔着戈壁荒漠。除了有一些招来的民工在洞窟前做些流沙清理的工作和一些杂务外，平常时间，敦煌的老百姓很少到这里来。但是到了农历四月初八浴佛节，敦煌人就有到莫高窟举行庙会的习俗。四面八方的老乡骑着马，乘着驴，赶着牛车、马车，陆续涌向莫高窟。从四月初一开始就有一些商贩到莫高窟林荫道旁搭起棚子，架起售货摊点，支起锅灶，准备在庙会期间做生意。待到人多起来，各种娱乐性的民间演唱活动接踵而至。秦腔、花儿、小调、二胡声、三弦声、箫笛声交相回荡，倒也别有一番情趣。四月初八自然是高潮，人流簇拥，热闹非凡。

因为莫高窟所有的洞窟都是敞开的，人们可以随意出入。为了维持秩序、保护文物，所里的工作人员就要轮流到洞窟前去引导游人文明参观，不要损坏壁画和彩塑。有些人携家带口，大人小孩一起来。大人烧香磕头，儿童在洞窟里玩耍。九层楼大佛座后面，从左到右有一个通道，大人小孩都要围绕一圈，希望大佛保佑平安。那条通道里面没有什么壁画作品，碰撞一下倒也没有大碍，但有的洞窟就不一样了。

有一次，父亲在一个洞窟里看见一个小孩子在壁画上随手扫着，便立即过去批评了那个小孩几句，不料带孩子的大人不高兴了，说道："小孩子就是轻轻摸了一下，并没有弄坏嘛，你何必大惊小怪。"父亲就耐心地给他讲了一番"文物损坏了就不可再生"的道理。那人还比较明事理，随后就拉着小孩对他说："墙上画的都是佛爷像，如果碰坏了，佛爷就不保佑你了。"这件小插曲就算过去了。但是洞窟很多，研究所的人手又少，照看不过来，这种经久流传的民间风俗活动也不好禁止。无可奈何，只能以后再另想办法解决了。

庙会之后，莫高窟又恢复平静，大家依然埋头干自己的工作。业余时，同事们总会聚在一起聊天交流。有一次，有人问父亲："你临摹得最多，速度又快，有什么诀窍？让我们也学习掌握一下。"父亲笑了笑说："哪来的什么窍门，只不过是要多花些精力时间去研究琢磨而已。对一幅要临摹的画，首先要把它的主题内容搞明白，还要把握好此画的构图全局。对画面风格的时代特征要做到心中有数，线描运笔要沉稳有力，一气呵成。色彩晕染要丰润雅致，注意层次变化。人物神态的刻画要注意面部表情和身姿动态变化。把握了这些重要的关节点，就容易画好了。"

1948年夏天，又新来了一位四川青年史苇湘，他毕业于四川省立艺专，自愿到敦煌艺术研究所工作，还没拿到正式聘书的时候，史苇湘就以非正式员工的身份到美术组工作了。父亲向他说明了美术组的情况，并带他到洞窟参观。史苇湘是四川绵阳人，和父亲是老乡，再加上都是搞美术的，两人很谈得来。史苇湘也有一种对敦煌的热爱和干劲，虽然还不是正式员工，但对工作非常认真。过了几个月，常所长发现他工作细致到位，有些才干，就给他发了正式的聘书。后来，史苇湘与早一些到来的欧阳琳结为夫妇。

那时候交通不便，从外地来敦煌参观的人不多，在1948年却有好几位外国人来参观。最先来的是一位美国人，名叫叶丽华，在山丹培黎学校任教。她先见了常书鸿所长，并住在常所长家里。常所长让父亲陪同她参观洞窟，她会说汉话，比较容易交流。父亲陪她参观了一天洞窟，发现她对佛教艺术特别是对早期那些变色后的神秘形象颇有兴趣。

叶丽华走后，又来了一位瑞典人，个子高，鼻子大，蓝眼睛，住在父亲隔壁的一间房子里。据说他当过外交官，会结结巴巴说几句汉话。父亲陪他参观洞窟时，发现此人有点瞧不起中国人，闲谈中流露出一种高人一等的傲慢态度，因此，父亲对他也比较冷淡。住了几天后，这个人就离开了。

此外，还来过一位美国人铁特尔，同事们叫她铁小姐。常所长让父亲陪她参观洞窟，一连三天她都看得很仔细，并且做了记录。三天后，她提出还要自己仔细看，而且说是常所长同意的。既然常所长同意了，父亲就不好再说什么。后来听说她偷偷拍了一些照片。

铁小姐走后，又来了一位美国记者文明安，他从北平奔波了十几天才到敦煌，所长安排他住在陈列馆。所谓陈列馆就是由孙儒僴设计、当地工人用土坯修建起来的简陋的房子。父亲陪同他参观了三天后，他也提出要个人自由参观。这次父亲比较留意他的举动，发现他拍了不少北魏故事画、唐代经变画和唐代彩塑。当时很多洞窟无门，四通八达，也并未限制参观者拍照。后来，文明安在美国出了一本书《敦煌艺术》。

文明安走后，又来过一批联合国善后救济总署官员，男男女女有七八个人，乘坐美国军车来到敦煌，也是由父亲陪同他们参观洞窟。父亲当时还想不通，为什么这个时候来了这么多美国人？后来从同学寄来的报刊上看到消息，加之曾听美国记者文明安说"国民党要垮台，共产党要掌权。共军正在向西北进军"，可以分析共产党在东北、华北已经取得了决定性的胜利，西北也会很快解放。所以他们才趁战火未到时，赶紧到敦煌来一趟。

1948年夏，常书鸿所长通知大家要在南京举办一次敦煌壁画展，让父亲把大家的临本集中起来。父亲自己的临本有150多幅，加上其他人的共计500多件，全都交给了常所长。常所长带上临本和女儿常沙娜等人出发去了南京。常沙娜当时已有十几岁，在酒泉中学读书，假期在敦煌参加临摹，且勤奋地临了一部分作品，也被常所长纳入要展出的作品中。8月，敦煌壁画临本在南京、上海展出。展览结束后，常所长回到敦煌，常沙娜未归，后来得知她已去美国上学。

1948年后半年，时局紧张，河西走廊也比较混乱。国民党的散兵游勇随处可见，甘新交界处的土匪也伺机出没，到处弥漫着不稳定感和不安全感。研究所的人心也不稳定了，1946—1947年来的一些人，如郭世清、凌春德、范文藻、周星祥、肖克俭、薛德嘉，都因为不同的原因离开了敦煌。莫高窟一下子冷清了许多，父亲也因为环境的影响而心绪不宁。

傍晚，他坐在中寺办公室外那几棵高大挺拔的银白杨树下，听着树叶噼啪作响，思考着今后的打算。回想到莫高窟两三年来，怀着对敦煌艺术的景仰和热情，父亲忘我地做了一些工作。但他觉得，自己所做的，对敦煌这座博大精深的文化遗产宝库来说，不过是九牛一毛、沧海一粟，原来的一些梦想和计划还远未实现。国立敦煌艺术研究所还能不能继续存在？在这样的一个时代大拐点、大动荡时期，敦煌的保护、研究、宣传工作还要不要坚持下去？父亲相信，像敦煌这样一个千年积累的文化遗产，不管是哪个党派、哪个政府都不会袖手旁观，不管不顾。他认为共产党掌握政权后，绝不会对中华民族历史文化遗产弃之不顾，一定会更加重视敦煌莫高窟的。他觉得自己做的事只是一个开始，不应中断和结束。想到这里，他决定坚持，坚持，再坚持！

父亲从小就是一个有责任心、敢于担当的人。他决心作为一名志愿者，坚守下去，迎接三危山的霞光再次辉映着这座文化圣殿。父亲给远在四川的家里写了封信，告诉他们自己的打算，得到了母亲和其他家人的支持。

在我七八岁时，母亲曾让我看过一张父亲临摹的敦煌壁画菩萨像，当时我对绘画还不太懂，

段兼善两岁时与母亲龙时英合影。

只是看着觉得很美、很绚丽。那时，虽然还没有亲眼见过父亲，但我觉得这张画真棒，父亲更棒！

1949年上半年，坚守在莫高窟的人已经不多了。除常所长外，还有孙儒僩、欧阳琳、史苇湘、黄文馥、霍熙亮、李承仙、范华、刘荣增，再加上易喇嘛（易昌恕）和一些敦煌民工，也就十来个人。

除了处理一些杂务外，能画画的人依旧去洞窟临摹壁画。父亲在那段时间又临摹了194窟唐代壁画维摩诘经变之一部——"帝王与侍臣"、维摩诘经变之一部——"西域各国人"，272窟北凉壁画"供养菩萨"，285窟西魏的"国王"，296窟北周的"耕作"，303窟隋代的"男供养人"，375窟隋代的"女供养人及侍从"，321窟初唐的"侍女"，45窟盛唐的"胡商"，217窟盛唐的"二王子""侍女"，445窟盛唐的"男剃度""女剃度"，196窟晚唐的"外道""魔女"，158窟中唐的"王与侍臣""王后与侍女"，98窟五代的"骑兵交战"，61窟宋代的"回鹘公主供养像""女供养人"，90窟五代的"男供养人"，45窟盛唐的"愚痴"等一些壁画。

父亲的临摹是研究性的临摹，同时又在临摹中进行研究。照猫画虎式的临摹，只能获其貌，不能得其神。研究性临摹是要通过对壁画内容的选取与表达、审美风格的趣味转换、艺术技法的传承与创新、时代精神的彰显与传递、表现技法的掌控与发挥等多方面、多层次的研究，做到对壁画整体风貌与艺术特色了然于胸，得心应手。这样的研究为他后面的大幅临摹和组织、主导整窟临摹打下了很重要的基础。

1949年9月28日，敦煌解放了。第二天，人民解放军的一名团长张献奎和团政委祁成德带领一队解放军战士来到莫高窟，所里在中寺的会议室里召开了欢迎大会。张团长和祁政委宣布莫高窟回到人民的怀抱，大家都很兴奋、激动。后来，父亲和同事们到县城里去时，听到到处都在传唱"解放区的天是明朗的天，解放区的人民好喜欢，民主政府爱人民呀，共产党的恩情说不完呀……"看到人们兴高采烈的样子，真切感受到一个新的时代到来了。

1949年10月1日，中华人民共和国成立。1950年春末夏初，中央文化部委派西北军政委员会文化部文物处接管了敦煌艺术研究所。前来接管的人员有赵望云、张明坦、范文藻和何乐夫等。两年前范文藻从敦煌离开，后来到西安工作，不想这次成了接管人员，熟人相见，很是高兴。

接管组宣布了三项决定：一是将敦煌艺术研究所改名为敦煌文物研究所。二是设立研究所的机构和负责人，常书鸿仍为所长，父亲任美术组组长，史苇湘任考古组组长，孙儒僩任保管组组长，霍熙亮任行政组组长，黄文馥任图书资料室负责人。三是要对艺术研究所设立八年来的工作进行全面总结。因为常书鸿要到西安参加西北文代会，赵望云和张明坦便指定由父亲主持总结工作，史苇湘、孙儒僩和黄文馥参加总结会议，接管组留范文藻协助工作。

因为要去西安开会，常所长把全所现存的好几百幅临本

（1948年南京展的数百幅临本存放在了上海）全部装箱用汽车运到县城，准备带到西安去。父亲和史苇湘、孙儒僩等人认为此事不合适——如果把临本全部带走，清理、整理临本和总结八年工作成果的工作就无法进行。于是立即将情况向赵望云、张明坦两位接管人员汇报，他们与常所长协商后决定，由常所长先带二十幅到西安，其余留所里供整理总结之用。北京展览一事，则由西北文化部与北京联系。存放在上海的临本由常所长取回参加北京展览。

送走赵望云、张明坦、常书鸿等人后，父亲他们回到所里昼夜加班，忙了一个月，总算把数万字的总结写好。总结完成后，父亲他们带上材料和临本去西安向西北文化部作了汇报，并把参展临本交给常所长。随后，父亲和史苇湘、孙儒僩、欧阳琳、黄文馥等人在张明坦和陈若飞的带领下，参加了关中土改工作学习会。会后父亲被分配到合阳县，史苇湘、孙儒僩、黄文馥、欧阳琳、范文藻等人被分配到临潼县参加土改工作。

对这些从事艺术工作的人来说，土改是一个全新的工作，他们只能认真学习有关文件，在上级领导和相关政策方针的指导下开展工作。土改工作前后进行了大约七个月。返回西安后，接到文物处转来常书鸿所长的信，说北京展览举办得很成功，政府颁发了奖状和奖金，每个人都获得了近千元人民币。当时正值抗美援朝战争时期，几个人一致决定，向豫剧表演艺术家常香玉学习，把这笔奖金全部捐献给抗美援朝前线。

搞完土改，大家联名给常所长写信，提出想去北京参加展览工作，并参观北京的文物古迹。不知何故，常所长并未同意大家的提议。大家不理解，这些敦煌临本是大家辛辛苦苦临摹出来的，为何不让大家去看看展览效果？作为文物工作者，参观北京的文物古迹也是一种学习和研究。于是他们联名给文化部副部长、国家文物局局长郑振铎写信，提出赴京考察学习的请求。郑局长同意了大家的申请，并批示西北文化部解决旅费和车票问题。拿到车票的第二天，大家就坐上火车奔赴北京，住在天安门旁的历史博物馆筹备处。

　　在京期间，郑局长接见并招待大家吃饭，席间他肯定了大家在敦煌八年的工作成绩，希望大家把敦煌文物事业继续坚持下去，做得更好。国家文物局安排大家参观了北京故宫等一些文物遗迹，又安排到云冈石窟和龙门石窟参观。

　　因为常所长要跟郑局长等人出访印度和缅甸，一时不能回所里，郑局长便要父亲代理所长主持工作。当时父亲并不同意，希望文物局派人到敦煌主持工作。郑局长和王冶秋书记说国家文物局人员不足，派不出人，坚持让父亲代理所长。父亲推托，并提出希望派两个行政会计人员到敦煌，因为研究所太缺这方面的人才了。后来文物局决定派高瑞生去做行政会计工作，派北大毕业生王去非做保护工作，父亲觉得文物局已经尽力支持了敦煌文物研究所，于是答应代理所长职务。

　　回到西安后，父亲又向西北文化部申请汽车援助。西北军政委员会拨了一辆卡车，派司机陈云龙驾驶，满载研究所所需物资，一路向甘肃进发。父亲他们沿途在兰州拜访了省长邓宝珊，路过山丹时拜访了培黎学校校长路易·艾黎，参观了山丹文物古迹赵家楼，在酒泉拜访了刘长亮、贺建山、梅一芹等领导同志。

回到莫高窟，父亲受国家文物局之托，担起了研究所代理所长的职责。总务组仍由霍熙亮负责，考古组由史苇湘负责，保护组由孙儒僩、王去非负责，基本上各司其职。一些比较重要的事情，由大家开会商量解决。

父亲还是重点抓美术组的工作，他有一个想法，前些年大家临摹的作品，小幅的和局部的比较多，现在要向大型作品临摹发展。他自己已接连临摹了几幅大型独幅作品，如254窟的北魏壁画"尸毗王本生"，156窟晚唐的"张议潮出行图"和"宋国夫人出行图"等。两幅出行图都是横卷，长度都达到六米多。这几张画都是现状客观临摹，色彩有变，但形象清楚，效果良好。"尸毗王本生"描述尸毗王将自己的腿肉割下来奉喂饥饿的老鹰，求其放生鸽子的故事。该画构图饱满，色彩深沉厚重，用笔粗犷有力，是北魏壁画变色画风的优秀代表作之一。"张议潮出行图"描写了张议潮领兵出行的威武雄壮的场面，各种军用物品装备齐全，形象真实。人物、车马、旌旗、兵器尽数囊括。"宋国夫人出行图"则描写了唐代贵妇出行的奢华场面。百戏、车马仪从，声势浩大，人物众多。这两张画变色不太严重，各种衣饰用品清晰可辨，不仅绘画技艺高超，具有很高的艺术价值，还有很珍贵的历史研究价值。能完成这样内容丰富、形象众多、尺寸宽广的临本，充分显示出父亲对大型作品的把控能力和高超的描绘技法。

考虑到当时交通不便，外地研究人员和观众来敦煌不易，如果有一个整窟临摹的作品参展，就可以让人们既能观看到独幅作品的风貌，又能领略到整窟临摹的壁画的环境因素。于是在1952年，父亲提出了整窟临摹的设想，并得到常所长的认可，说是先选一个洞窟试试。经查看分析，父亲和美术组的同事认为选285窟比较合适。这是一窟西魏时期的壁画，造型和色彩基本保持原貌，没有大面积的损伤，而且风格和技法特征明显。

父亲组织起美术组的史苇湘、李承仙、霍熙亮、欧阳琳、黄文馥、李其琼六人以及孙儒僩、李复两人，再加上父亲自己，共九人参与临摹工作。虽然孙儒僩是搞保护工作的，但他毕业于四川省立艺专，学过美术，因此自愿要求参加。李复是专职裱画师，也会画画，所以也加入进来。1953年后期，又有从西安美院毕业分配到敦煌的关友惠参加。大家到洞窟观察、研究、分析后，觉得此洞存在形制、内容和尺寸不统一的情况，还是先分组分块合作临摹，最后再拼接起来比较好。

这项工作很复杂繁重，父亲是负责人，比较辛苦，除了自己有具体的临摹任务外，还要把握全局，保证最后的效果统一和谐、融为一体。为此，在起稿、拷贝、勾线、上色各个阶段，父亲都组织大家互相审视，共同讨论，以修正不足之处。大家都认真对待、仔细研究，努力完成每一个阶段的任务，所以进展很顺利。但因为每个人同时还要完成原来的分内工作，如美术组的画家有各自选项的临摹任务，孙儒僩有保护方面的工作，李复有裱画任务，父亲中途还要参加炳灵寺石窟和麦积山的考察活动，所以整窟临摹工作到1953年才完成。

1952年9月，父亲参加了中央文化部组织的炳灵寺石窟考察团，这个团由赵望云任团长，吴作人、常书鸿任副团长。成员有肖淑芳、李瑞年、李可染、张仃、夏同光、范文藻、冯国瑞、孙儒僩、窦占彪以及父亲等十余人。甘肃省政府很支持此次考察活动，省长邓宝珊设宴招待了全体成员，又通知沿途给予诸多方便。

炳灵寺周围山势陡峭，砂石路狭窄，不能通车，只能骑马和步行，崖壁上的栈道也已经残缺不全，有的地方需要架设云梯，十分艰险。大家一路上吃了不少苦头，克服了许多困难，经过十多天才完成了考察，基本上弄清了炳灵寺的大体情况："炳灵寺始建于北魏前期，兴盛于唐代，明代做过修补，是以雕塑为主的佛教艺术宝库。时间跨越千年，窟龛百余个，壁画保存不多。较好的有第3窟、第4窟，密宗痕迹明显，但又不同于敦煌西夏和元代的壁画。塑像大多是魏代和唐代的，大小雕像600多身，泥塑80余座。雕塑作品造型优美，刻工精致，坚挺生动，是古代佛教人物造像中的优秀作品，在美术史上具有重要价值。"

考察结束后，文化部副部长、国家文物局局长郑振铎专门著书，记载了此次对炳灵寺的考察情况。此外，经西北军政委员会同意，炳灵寺考察团的部分成员被调往天水市的麦积山石窟，成立专门的考察勘测组。组长由常书鸿担任，父亲和孙儒僩、史苇湘、王去非、窦占彪以及西北文化部的范文藻、兰州教育厅的冯国瑞为成员。对麦积山石窟也是首次考察，这里交通不便，山崖栈道残缺不全。为此专门请了一个木工师傅文德权来架设栈道，文师傅艺高人胆大，在这次考察中做出了重要贡献。

麦积山有东、西两崖，洞窟约190个，窟内文物主要是雕塑和石胎泥塑，石刻和壁画数量较少。石雕造像刻工精致有力，对人物神情刻画得很是精妙高超。女性和童子的形象塑造得自然生动，亲切感人。麦积山石窟内的各种雕塑作品数量众多，而且都具有高超的技艺。壁画作品的数量不能和敦煌相比，且主要是北魏、西魏和隋唐时代的壁画。父亲和史苇湘从中各选取了一些做临摹。父亲的临本有127窟北魏的"战骑图""伎乐

1952年，段文杰（右下）参加考察麦积山石窟，这是在配合窦占彪等架设云梯工作。

天"，146窟西魏的"乘龙乘虎仙人"，第4窟北周的"车骑出行图"和"飞天"，第5窟隋唐之际的"飞马""飞天"等。常书鸿、孙儒僴、范文藻、冯国瑞等人在洞窟调查、测绘遗址、摄影等方面也取得了不少一手资料，这对以后进一步开展麦积山石窟的保护研究工作起到了重要作用。经过两个多月对炳灵寺、麦积山的连续考察，父亲对丝绸之路上石窟艺术的发展脉络有了一个更全面的了解。

回到莫高窟后，大家继续进行285窟的整窟临摹工作。父亲特别要求一定要忠实反映壁画原貌和各种技术、手法的特点，不能把自己的爱好和审美习惯强加进临本里，否则就不是敦煌壁画，而成了临摹者的变体画了，这是复制文物的基本要求。大家也非常清楚这一点，都努力做到忠实于原作。

1953年，285窟的整窟临摹工作完成了，临本由李复装

段文杰写生作品《敦煌老农》。

段文杰写生作品《蒙族牧民》。

段文杰素描作品《莫高窟老榆树》。

裱好并存放起来，以备日后展览使用。在此期间，所里组织了一场到玉门油矿为石油工人办展览的活动，受到了石油工人的欢迎。父亲和同事们参观了玉门油矿，工业战线欣欣向荣、蓬勃发展的景象深深感染了大家。

父亲认为，不但要坚持临摹研究，宣传敦煌艺术，还应当着手抓继承传统、推陈出新的实践。从1953年开始，父亲在临摹研究之余又抽空进行现场写生，目的是为创作积累素材。上午光线好，大家便在洞窟里临摹，下午做其他方面的事情，也留一些时间写生。莫高窟的风景、职工和家属、保卫洞窟的警卫战士、修建和清沙的民工、从肃北草原过来的蒙古牧民，都是大家写生的对象。父亲在1953年、1954年、

1956年那几年前后画了数十幅写生画，主要是水粉画、素描和速写，还有几张采用白描手法写生的敦煌农民，应当是对敦煌线描的写生运用。因为临摹研究的任务繁重而艰巨，也是所里的重点，因此，父亲只好把写生创作放在次要地位。

敦煌壁画中的图案数量不少，特别是窟顶的藻井图案相当精彩。父亲特别喜欢428窟北周的"莲花飞天平棋"和225窟的"灵鸟卷草边饰"，它们运笔晕色的方法很精到，所以他独立完成了这两幅图案。另外，373窟隋代的"海石榴莲花藻井"、407窟隋代的"三兔飞天藻井"、321窟初唐的"莲花项光"、209窟初唐的"葡萄石榴藻井"、334窟初唐的"莲花藻井"、126窟盛唐的"莲花童子藻井"，则是他把图案稿起好后，和李复一起勾填颜色完成的。与此同时，父亲还整理临摹了257窟北魏的"佛说法图"，复原临摹了263窟北魏的三幅"伎乐菩萨"和一幅"降魔变"、12窟晚唐的"牵驼"，客观临摹了257窟北魏的"乘虎弟子""乘龙弟子"。1954—1955年，父亲又完成了130窟的"都督夫人礼佛图"、194窟的"帝王与侍臣"和"西域各国人"等临本。

敦煌莫高窟130窟的"都督夫人礼佛图"是父亲复原临摹敦煌壁画的一幅标志性作品。这幅画位于130窟进口处甬道南壁，高3.12米，宽3.42米。1942年，张大千剥开表层的一幅西夏壁画后，这幅画才显露出来。父亲刚到敦煌时便仔细观摩过这幅画，那时候，此画虽然脱落漫漶之处很多，剥离时也留下了不少划痕，许多地方模糊不清，但有个别人物头部尚能辨析。由于当时正忙于其他洞窟的临摹研究工作和一些展览任务，父亲便只临摹了几张人像头部，一直没有抽出时间来对这幅画进行整体临摹。现在前一阶段的工作任务大体完成，再来细看时，这幅画已更加漫漶不清，如果再不进行抢救性复原临摹，这张画将永远湮灭。父亲当即决定对这张盛唐人物画杰作进行研究性的复原临摹。

所谓都督夫人就是"朝议大夫使持节都督晋昌郡诸军事守晋昌郡太守兼墨离军使赐金鱼袋上柱国乐庭瓌"的夫人。此画是盛唐时期作品，第一身是都督夫人太原王氏，第二身、第三身皆为其女。三位主人身后是九身侍候都督夫人的奴婢。画中人物面相丰腴，体态健壮，服饰艳丽，一派盛唐气息。在人物组合上，主次分明，自由活泼。背景绘有花束垂柳，蝶蜂飞翔，动静映衬，相得益彰，画面宏大。复原临摹要求很严格，在临摹之前，父亲做了很多研究、查证、对比工作。形象不清楚之处，要从其他相似且保存完整的地方去找根据，并反复考证，再将其补全。总之复原临摹不能随意添补，必须有历史依据，做到物必有证。临摹这幅壁画耗费了父亲不少心血和时间。临摹完成后，效果不错，也得到大家好评，被同事们称为"临本中的典范之作"。

1955年秋天，研究所在北京举行了第二次敦煌艺术展。除了1949年前的一些作品，还有新中国成立后的一批新临本。285窟西魏整窟临本模型也陈列其中，成为这次展览的一大亮点。父亲参加了这次展览的布置和接待工作，其间有很多外国访问团前来参观，令他印象最深的是，陪同苏联卫国战争时期的英雄姐弟卓娅和舒拉的母亲参观并为其解说。听完父亲的详细讲解后，这位母亲称赞道："中国古代艺术很了不起。"还把她胸前一枚苏联政府颁发的纪念章赠给父亲。1956年，父亲回绵阳探望母亲和我时，向我讲述了这枚纪念章的来历，并把纪念章送给了我。1957年，母亲经政府批准调到敦煌文物研究所工作，我也随她到敦煌中学读书。离开绵阳时，我把这枚纪念章送给最要好的同学留作纪念了。

1951年和1955年先后在京举行的两次敦煌壁画临本展览，吸引了北京各界人士，好评如潮。郭沫若先生称："这样大规模的研究业绩，值得钦佩。"胡愈之先生也说："从这里我认识了我们祖国的伟大，也认识了我们艺术工作者的伟大。"郑振铎则表示："敦煌文物研究所的诸位艺术家和工作人员辛勤坚忍地在远远的西陲，埋头苦干了八年，我们得感谢他们的努力，通过他们的努力，我们才见到古代劳动人民和艺术家们的那么多伟大的作品。"向达认为："敦煌艺术比之印度的阿旃陀石窟，毫不逊色。敦煌艺术本身固然永垂不朽，而其影响也光景常新。"吴作人说："敦煌艺术研究所的同志们积累他们艰苦奋斗得来的收获——壁画临本，把敦煌介绍给全国人民甚至于全世界的人民。不但认识到我们向所茫然的中国在隋唐以前的绘画形式，更向前推进了五六个世纪，肯定了汉晋风格。"徐悲鸿则认为："迨唐代中国性格形成，始有瑰丽之制，故敦煌盛唐作品，其精妙之程度，殆过于印度安强答壁画。"陈梦家说："希望这次的敦煌壁画展览，不但表现了敦煌文物研究所数年来辛勤的收获，并将因其内容的生动与丰富而吸引更多的同志到西北去做考古艺术的工作。"梁思成在参观展览后说道："通过这个展览，通过敦煌辉煌的艺术遗产，我们形象地看到了我们的祖先在一段一千年的长时期内，在艺术方面的伟大惊人的成就，而且看到了古代社会文化的许多方面。"沈从文说："这次展览即已为国内学人研究中古时代文史、乐章、歌舞，兵制、建筑、绘画、西域文化交通史、中古社会、宗教心理……提供了无数新物证，启发了许多前所未料想的新问题。"王重民写道："这次看过了敦煌文物展览的人，我想一定能了解陈寅恪先生所说的'敦煌者，吾国学术之伤心史也'这句话的悲痛。我认为从这次辉煌盛大的展览以后，不但要把研究敦煌学的情绪再次鼓动起来，而且更要提高与扩大一步。尤其对于我国古代劳动人民所默默创造出来的古艺术品，更要广泛的传播而使其获得普遍的教育意义。"这个展览随后又走出国门，陆续到东欧及印度、日本等国展出，取得了良好的效果，为宣传、介绍敦煌石窟艺术发挥了历史性的重要作用。

进行285窟整窟壁画临摹的同时，父亲还和美术组的几位同事去了榆林窟一趟。几年前他们去参观考察过，感到榆林窟的壁画艺术水平很高，绝不逊色于莫高窟壁画。特别是第25窟的唐代壁画和第2窟、第3窟的西夏壁画，堪称代表。经过认真分析，大家决定在莫高窟285窟的整窟壁画临摹任务完成后，就对榆林窟第25窟进行整窟临摹。

之所以如此着急，有以下三个原因。一是第25窟南壁的壁画"观无量寿经变"，除个别佛像肤色变黑、下部有少量泥皮脱落外，其他基本保持原貌。线描勾勒挺拔有力，色彩雅丽，晕染深入，气势恢宏，形象清晰。北壁的"弥勒经变"，除中部有些泥皮脱落外，其他地方同样明晰如初。西壁窟门南侧的"普贤变"和北侧的"文殊变"均完好无损。东壁八大菩萨曼荼罗，北侧保存完好，南侧破损较轻。二是从艺术技巧看，榆林窟第25窟壁画的确是中唐石窟壁画的杰出代表，价值非凡。三是为防止以后的意外损坏和环境影响，也有必要尽快临摹保存。

段文杰写生作品
《榆林窟道士郭元亨》。

父亲在榆林窟结识了守窟道士郭元亨。他是个忠厚长者，在这里驻守多年，对榆林窟的保护做出很多贡献。他见识广，很有爱国情怀。抗日战争前期，红军西路军程世才将军率部经过榆林窟时缺乏给养，郭道士主动将自己积攒多年的粮食捐献给红军，以解燃眉之急。新中国成立后，他还把自己收藏的稀世之宝"象牙佛"捐给国家，其义举令人感动。出于对郭老的敬意，父亲特意为他画了两张素描头像，并把他的事迹向上级作了汇报。据说，郭道士后来成为甘肃省的一名统战人士。

第三章
寻根探源　撰文立论抒己见

"不惧风袭沙扬，不惧遍地荆棘，秉烛前行在文明的宝库里，除了敦煌已成为精神信仰外，心里无他。但是突如其来的一场人为风沙，几乎要将我的心与敦煌一起再次湮没。"

20世纪50年代前期，社会安定，敦煌文物研究所各位同仁的生活状况也比新中国成立前好多了，大家都有了按月发放的固定工资。1954年，父亲被评定为副研究员，工资级别相当于大学副教授，月薪170多元，从此生活开销有了保障。除了必要的生活开支、不时给家里寄点钱外，其余大部分钱都被用来买书了。父亲从小爱读书，以前生活拮据，没有余钱买书。现在有了稳定收入，他便经常出入书店，买了许多书籍、刊物和画册。他的书房里只有一张单人床和窗户旁的一张书桌，其余地方都被几个大书柜占满了。1957年，我和母亲迁到敦煌，父亲的书房也就成了我看书、学画、写作业的地方。

　　1955年，第二次敦煌艺术展览在北京成功举办后，应文化部文物局主办的期刊《文物参考资料》之约，父亲写了《谈临摹敦煌壁画的一点体会》一文，回忆了十年来临摹敦煌壁画的切身感受。他在文章中指出，敦煌莫高窟是"世界上规模最宏伟最有系统的美术博物馆，也是我国民族历史的艺术宝库"。他说："尽快把它介绍给全国人民，介绍给全世界爱好和平的人民，是敦煌艺术研究工作者的重要任务之一。"父亲在文中还提到临摹是一项严肃细致的艺术劳动，临摹过程就是进行研究的过程；临摹实践会为进一步的研究工作打基础，同时对发展新文化新艺术也有重要的借鉴作用。父亲指出，要做好临摹工作，首先必须了解临摹对象，掌握客观资料，了解故事内容、主题思想、画面组织结构、人物精神刻画和艺术风格、原壁画的制作过程以及各种描绘技巧，做到成竹在胸，才能有把握地体现原作精神。他还介绍了美术组在临摹壁画中的三种基本方法——"客观临摹""旧色完整临摹""复原临摹"的具体要求和方式方法。父亲根据自己临摹数百幅作品积累的经验，剖析了敦煌壁画临摹中的关键技法"线描问题""色彩问题"和"传神问题"的具体内涵及操作方法。这篇文章在《文物参考资料》1956年第9期刊发，对以后敦煌壁画的临摹工作起到了重要的提示、指导作用。

之后，父亲进一步对敦煌艺术的来龙去脉、传承发展、艺术特色、审美价值和历史价值等诸多问题深入研究，全面梳理、归纳总结自己的观点与想法，并将其撰写成文。在继续进行紧张的临摹工作之余，他博览群书，认真查看有关文史书籍和各种艺术资料，同时将其与敦煌艺术联系起来思考，并将其中的要点记在日记或卡片中，便于随时查阅。

对榆林窟第25窟进行整窟临摹工作是已定项目，非常重

1956年，段文杰（左一站立者）等人将临摹工具和生活用品运往榆林窟途中。

要，必须按计划完成。因榆林窟在安西县境内，戈壁沙滩深处，距离莫高窟比较远，出入非常困难，所以要事先准备好工作和生活必需品。所里将临摹工具和一应生活用品运往榆林窟，还特意带了一台发电机，以供洞窟照明。

第25窟的临摹工作，工作量大，但人手多，力量强。父亲作了分工，北壁"弥勒经变"由史苇湘、霍熙亮、欧阳琳、李承仙和李其琼等临摹绘制，南壁"观无量寿经变"由父亲和关友惠、万庚育、冯仲年、李复等临摹绘制。开始工作前，大家照例细致研究，认真分析归纳，全面掌握第25窟壁画的构图方式、内容结构、线描特点和晕染技法后，才有条不紊地按照各自的任务开展工作。大家齐心协力，互相配合，经

1956年，段文杰（后排左二）与研究所职工在榆林窟合影。

过大半年的苦战，终于按原定计划完成了任务。

1950—1956年，临摹工作在原来的基础上取得了重大进展，完成了一系列巨幅壁画的临摹，并积累了合作临摹的成功经验。这批临本成为日后在国内外展出中的精品，在介绍和宣传中华民族传统艺术方面发挥了应有的作用。

父亲长期忙于工作，很少顾及四川家人。我小时候没有见过父亲，只是在他给母亲寄来的照片中看见过他的样子。1955年和1956年他曾回过四川绵阳老家，申请把母亲调到敦煌，让我转学到敦煌中学读书。父亲在四川还有四个弟妹，大妹文清已有正式工作并已成家。二弟文俊、二妹文玉和三弟文伟均还年幼，跟随继母生活，困难较大。父亲与继母商量，决定将二弟文俊，也就是我的二叔，带到敦煌共同生活并上小学。当时敦煌文物研究所是文化部直属单位，人员跨省调动需要上报国务院批准。1957年夏天，我们一行三人坐火车经宝鸡转车到兰州，父亲和他在兰州的朋友张伯渊、张世伟夫妇到车站接我们。在兰州待了两天，又坐兰州到玉门的火车，在玉门转乘汽车到敦煌城。常所长坐着不久前才弄来的一辆旧吉普车来城里接我们到了莫高窟。从四川到敦煌，一路上转火车倒汽车，从来没出过远门的我，既感到新奇，又觉得遥远，当然还有迫切和父亲团聚的兴奋。

在莫高窟，我们的家被安排在中寺后面，一排平房最西头的两间。中午，住隔壁的孙纪元夫人蒋毅明从单位食堂打来了饭菜，招呼我们在她家里吃了到莫高窟后的第一顿饭，口味和四川不同，却也很好吃。我们住的这排平房有四户人家。孙纪元家东边是孙儒僩、李其琼夫妇，最东头是李贞伯、万庚育夫妇。这排平房就在莫高窟水渠东边，水渠西边就是中寺和上寺，研究所的办公室在中寺前院。

母亲先被安排到图书室工作，我办好转学手续到敦煌中学读书。莫高窟离县城二十多公里，我只能住在学校的集体宿舍，星期天再回莫高窟和父母团聚，在父亲的书房看书、学画、写作业，日子过得平静安稳。没料到的是，不久反右派斗争就开始了。起初动员大家"大鸣大放"，常所长通知大家到会议室开会，传达上级精神，要大家给党提意见，帮助党整风。

新中国成立后，敦煌文物研究所获得新生，大家的生活有了保障，工作条件也逐步改善。大家工作有劲头，业绩成果不断新增。在北京举办的两次展览都很成功，使首都人民认识了敦煌，了解了敦煌。现在大家还在想方设法把工作搞得更好，对党实在也提不出什么意见。只是当时父亲正在考虑美术组后一步的工作计划，就借此机会把自己对研究和临摹工作的计划说了一下，希望所里予以重视和支持，改进一下工作中出现的不足之处。其他同事也都根据自己的想法，谈了一些生活琐事和工作中的小矛盾等，并没有任何反党言论。但是后来不知为何，却变成了对段文杰、史苇湘、孙儒僴、李其琼等人上纲上线的批判。

有一次我从中寺路过，看见办公室院子里的四面墙上贴了许多大字报和漫画，连院子中的两棵榆树上也贴有大字报，里面也有批判父亲的内容。当时我心里很紧张，不知发生了什么事。

在批判的同时，有位积极分子，还轮番找人谈话，要求和父亲接触较多的人揭发问题。大多数人都实事求是，也有人为得到领导赏识，竟然胡编乱造，落井下石。一个"四川帮"的说法出现了，并且说父亲是"四川帮"的领头人。

当时所里的确有几个四川人，除父亲之外，还有孙儒僴、史苇湘、李其琼、欧阳琳等人。这些人在新中国成立前就自愿加入研究所，后来又都是文物研究所的骨干。父亲在临摹研究和领导美术组工作中担当重任；史苇湘在临摹和资料整理编辑工作中卓有成就；孙儒僴在莫高窟的保护、测绘和治沙工作中成绩突出；欧阳琳在图案研究、临摹上很有成果；李其琼在壁画临摹中，也做出了重要贡献。这些人却一下子变成了"反党集团"，且在缺乏事实依据的情况下，相关情况被写成上报材料，结果史苇湘、孙儒僴、李其琼和非"四川帮"的辛普德、高瑞生等人被戴上了"右派分子"的帽子。父亲虽然也是所里上报的"右派分子"，但上级组织未予批准，只给定了犯"右倾错误"的结论。毕可是"小八路"出身，新中国成立后被保送到大学学美术，毕业后到研究所工作才一两年，就因为探亲假超时等问题与所领导争吵而被定成了违反组织纪律的"坏分子"，并被送到酒泉夹边沟农场劳动改造。

还有一个受到连带处理的人，就是我的母亲龙时英。她在青少年时期追求进步，和父亲同在四川蓬溪中学参加过中共地下党领导的抗日救亡学生运动。新中国成立后，母亲成为一名国家正式教师，一直在绵阳的一所小学当老师。

反右派斗争时，所里有人找母亲谈话，要她揭发父亲的所谓问题，遭到母亲的拒绝。虽然母亲没有成为任何"分子"，但在1958年，所里以"精简机构"为名把她除名了，还要她以临时工身份负责所里职工子女的教学工作。当时所里对"戴帽右派"的处理是，全部停发工资，只发40元生活费。父亲虽不是"戴帽右派"，仅是被定为"右倾错误"，但也被撤销了美术组组长的职务和副研究员级别，只发40元生活费。如今母亲也失去了工作，对我们家来说真是雪上加霜啊！在四川老家，父亲还有继母和年少的弟妹需要接济，当时全家人在精神上和经济上的压力都非常大。母亲遭受这样不公正的对待，精神上受到了沉重的打击和刺激，经常彻夜不眠，逐渐产生了"幻听"，一直到她去世都没有完全治愈。

父亲虽然精神上受到很大的打击，但他绝不是遇到困难就束手无策、自暴自弃的懦夫。他自小就养成了"不靠天不靠地，自己事情自己干"的奋斗精神，面对困难决不后退。反右派斗争后期，发生了两件事。一是上级派到所里来当书记的张力冲，因一些原因主动申请调走了，由另一位领导接替他的工作。1958年，省里在兰州成立了艺术学院，任命常书鸿为艺术学院院长兼敦煌文物研究所所长。常所长经常不在莫高窟，所内事务皆由这位领导主持。该领导对那些被打入另册、"犯了错误"的人要求严厉，今天指使你去清积沙，明天让你去深翻菜地，后天派你去清理厕所。当时莫高窟的厕所很简陋，一间土坯垒砌的房子，中间开几个蹲便口，下面敞开，粪便就堆积在底下，经常要铲除并拉到菜园或果园里做肥料。冬天粪便层层垒积，冻成一座便塔，要用铁镐才能砸断拉走。好在父亲和其他几位先生身体还算强健，这些体力活还能应付下来。二是1958年搞大炼钢铁和修建水电站，这是当时所里轰轰烈烈的大事。所领导发动全体职工大炼钢铁，在窟前大泉河岸边用土法修建了一些小高炉。废铁收集组的人把不知从哪里搜罗来的旧铁器拉来倒进炉子里，采矿组上山采矿的人把说不清道不明的一些石头也当成铁矿石塞进炉子。父亲等"犯了错误"的人就是领导手里的"突击队",哪里有重活累活,哪里就是他们要去的地方。炼铁炉最要紧的是拉风箱,必须手握拉柄,双臂用力,来回推拉,一刻不能停歇。实在拉不动了,换个人再拉。那些土高炉夜里不能停火,要随时加煤上料,因此拉风箱的人困了也只能在炉旁打个盹。有一天,一座土高炉的管理人员突然叫嚷:"我们炼出钢了!"大家围过去一看,棕红色,亮晶晶的,很好看。研究所的人都不懂炼钢知识,谁也说不准这是不是钢。最后还是某位领导果断拍板说,"这就是钢",并决定进城展示敦煌文物研究所的"炼钢成果"。第二天组织大家集结进城,父亲被指派去抬"钢",另外还有专门打旗的、领呼口号的、敲锣打鼓的,前呼后拥走过县城街道,引起路人围观,气氛热烈,似乎真干了一件了不起的事情。后来请了一位钢铁技术员鉴定,才知道是一块釉子,根本不是钢,实实在在闹了一场笑话。

在大泉河上游、莫高窟的南头修建水坝,用来发电解决莫高窟的照明问题,也是"大跃进"中的新事物,目的不能说不对,但还是缺乏这方面的知识。领导动员全所职工齐上阵,搬石块,取土运土,筑堤坝,修电站,耗费了众多的人力。没有料到的是,开闸放水后电灯只亮了几秒钟就断电了,接连修理多日也没有解决,只好放弃。第二年发洪水,水坝被冲垮。父亲在修电站中也是一个壮劳力,搬石块,拉山土,垒堤坝,哪里艰苦就被安排在哪里。不久,父亲和孙儒僩等人又去武威天梯山参与石窟搬迁工作，历时两个月。父亲不怕吃苦，但是长期的体力劳动使他的手指头变粗，不够灵活了。作为一个画家，这是很令人担心的事。为了保持手指的灵活性，一有空闲父亲就不断活动手指，躺下睡觉前也要活动一会儿。当时研究所还要继续临摹一些新的作品，完成一些必需的临本。由于他坚持活动锻炼，手指还基本保持灵活，对临摹没有造成太大的影响。

到洞窟里去面壁临摹，是父亲最热爱最熟悉的工作。十几年来，他的多半时间都是在洞窟中度过的。古人创作的一幅幅精彩画面，一个个生动的人物形象，已经深深印入他的脑海。一到洞窟里，他就好像进入到另一个空间。这是一个浪漫的、艺术的世界。在这里，他和古代艺术家心灵沟通，谈艺论道，完全忘记自己身在何处，只全身心地沉浸在自由畅想的海洋中，人世间的烦恼此时也烟消云散。父亲后来说过一句话："一画入眼里，万事离心中啊！"

父亲临摹壁画有自己的原则：一要对得起古人，二要对得起观众。他的目的是准确地反映古代匠师的艺术成就，让现代观众感受到传统的精彩。当时研究所的一些人定了个规矩：不管是临本还是文章，这些"犯错误"的人都不能署名，署名权由所领导定夺，或署"敦煌文物研究所"或署其他人的名字。有一幅217窟"观无量寿经变"主要是由父亲临摹的，署名时却挂上别人的名字，父亲知道了也就笑笑而已。父亲认为他在敦煌壁画临摹中做了一些工作，是分内的、应该的，即使在临本上发生一些不予署名的事情，也没必要太过纠缠。真正让人遗憾的是那些创造了敦煌艺术的古代匠师们，他们的名字应当流传千古。然而，由于历史的原因，除少数人能查到名字外，大多数古代匠师的名字都无法查到，这才是千古憾事。

父亲这时候已经有了一个思考了很久、一直萦绕在脑海的新课题，就是开展对敦煌石窟的理论研究。敦煌艺术源远流长，博大精深，涉及的问题是多方面的。父亲主要想从它的历史渊源、时代特征、风格变化、审美观念、艺术技巧的传承发展与创新等方面作一次系统性的梳理、分析、归纳与总结，并把自己的观点和看法撰写成文。

父亲最先选取的题目是《敦煌壁画中的衣冠服饰》。起因是在1958年，敦煌壁画临本在日本展览时，一位研究中国服饰史的日本专家原田淑人看了展览后，充分利用画展中的衣冠服饰资料，对他写的《唐代服饰》一书作了修改，重新出版，并说："这么丰富的资料，你们为什么不研究？"常书鸿所长从日本回来说起这个小插曲，父亲听后觉得这是令中国敦煌艺术研究者惭愧的事情。父亲长年临摹壁画，对各时代的人物服饰作过一些具体的造型研究，当时主要是为了解决壁画临摹工作的需要。现在看来，必须将衣冠服饰作为一个重要课题来研究。父亲通读了二十四史中的《舆服志》，同时研读了他人有关服饰的文章，花了一年时间，查阅了近百种资料，摘录了两千多张卡片，初步整理出中国衣冠服饰的发展概况，又把敦煌壁画中的衣冠服饰演变纳入历史发展体系，结合起来进行探讨，形成了论文的脉络和框架，列出了提纲，并写出了初稿。

之后，父亲又根据过去临摹过程中积攒的经验以及在洞窟中作的对照研究，对敦煌壁画中线描技巧的传承和发展情况进行了分析、归纳和总结，写出了《谈敦煌壁画线描》一文的初稿。根据对洞窟中一些重点画幅的赏析，写出了《九色鹿变》等一批读书笔记。此外还写了一本《敦煌研究专题报告笔记》，里面包括了石窟考古学、石窟寺研究的业务基础知识、石窟性质的逐渐变化、密宗遗迹以及石窟记录与排年等章节。

当时所里办了一个文物工作培训班，需要给学员作一些辅导讲解，但教员不够，便临时把父亲拉去顶缺。父亲做事踏实，要他讲课他都会认真备课，绝不随便应付、贻误他人。这些各课笔记也为他以后的学术研究增加了许多资料。同时，父亲还对敦煌艺术的民族传统与外来影响等系列专题进行了思考和记录。父亲明白，以他目前的身份，写的文章是不能发表的，但他并不在乎这些。敦煌石窟艺术是他心中最深切的眷恋，限制措施不能阻挡他对敦煌艺术的思考与自由畅想，任何不公正对待也禁止不了父亲与敦煌艺术的心灵对话。

其实，父亲的研究写作并不顺利，反右派斗争和"大跃进"之后，又是粮食短缺的"三年困难时期"。敦煌干部职工和居民的每月口粮都是定量供应，我感到不够吃，父亲母亲便把他们有限的口粮节省下来给我和二叔作一些补充。父亲经常给我们带一些晒干的馒头片，自己却因饥饿和劳累而身体浮肿，医生说是营养不良。当时，父亲接到继母的来信，说成都的居民定量标准比敦煌要多一些，二叔的上学问题在敦煌也不好解决，想把二叔接回成都。父亲同意了，便把二叔送回了四川。

父亲觉得全家人都需要补充副食，就和母亲商量饲养兔子，在住房边垒了个兔窝，弄来几只小兔。莫高窟远处河滩的树林里长着不少野草，母亲每天都大老远跑过去拔草喂兔子。兔子长大并开始繁殖，偶尔杀只兔子改善生活，父亲母亲的身体渐渐好起来。凭着母亲节衣缩食和辛苦劳作，我们全家熬过了"三年困难时期"。

1962年，兰州艺术学院撤销后，贺世哲、施萍婷、李永宁、何鄂等调进研究所，后来又从外地分配来了樊锦诗、马世长、肖默、李振甫等大学毕业生，敦煌文物研究所的研究力量得到充实。

1962年，文化部副部长徐平羽率领专家工作团到敦煌考察，发现研究所在反右派斗争工作中有扩大化的倾向和处理不当的问题。徐平羽副部长路过兰州向甘肃省委反映了研究所的情况，省委派出工作组到敦煌文物研究所调查。工作组在组长周伯阳的领导下，深入群众详细了解情况，认为研究所在反右派斗争中确有过头和不当的问题。省委了解情况后，依据中央政策对处理错了的问题予以甄别纠正。父亲的问题得到解决，撤销了原来的处分，恢复了副研究员的专业职称和待遇。所里其他几个不当处理的问题也得到部分纠正。

这时，常所长让父亲暂时担任学术委员会秘书，父亲答应得很痛快，因为这与他正在考虑的研究计划有关。父亲很快制订出学术工作计划，并尽力把有关工作落到实处。与此同时，他对自己原有的研究计划也进行了更深入的思考、联想、分析、比较和归纳。对过去在临摹、研究壁画和梳理相关资料的过程中产生的一些问题也逐步有了结论与答案。比如：关于早期敦煌壁画的民族传统和外来影响的关系，经过比较和分析，父亲认为敦煌壁画最早的确呈现出印度味很浓的西域风格，但很快，中国汉晋以来的线描造型、迁想妙得、以形写神等优秀的艺术手法，就开始与外来的造型手法融合变化，逐步形成了基于敦煌特有的历史文化积淀、时代思潮和审美意趣基础而创造出来的敦煌壁画造型艺术体系。这种体系和流派，其实就是外来艺术的种子，在中国土地上发育生长，接受了中华民族传统文化阳光雨露的抚育滋养后，开放出来的有鲜明中国特色和民族风格的绚丽花朵。敦煌石窟艺术体系，除了有为宗教服务的一面，也有独立的艺术审美价值。它为人们提供了独特的艺术境界和审美空间，极大地丰富了中华民族传统艺术领域的流派和风格，在中国美术史和世界美术史中都占有重要的位置。

父亲在思考敦煌壁画艺术价值的同时，也思考了敦煌艺术的历史价值。敦煌艺术是宗教艺术，是为宗教思想、宗教信仰而服务的。敦煌壁画中有很大数量的经变画和佛经故事画。古代艺术家在创作敦煌艺术时，不能不受到佛经内容的束缚。为了宣扬佛教内容，引导人们信佛，就要让人们看得懂，就不能以虚无缥缈的形式来进行劝诫，只能通过具体的现实生活场景和具体的形象来教化人们。所以佛经故事画均以现实生活中不同时代的各类人物、动物、植物、衣冠、服饰、各种器具用品、各类人工建筑设施和自然生态环境来构成多种多样的社会生活场景。敦煌壁画中的很多供养人画像、出行图，都是对当时当地现实人物及其活动的真实写照，具有重要的史料价值。

古代敦煌艺术家巧妙地借用现实世界中的各种形象和情节来说明佛经的内容。虽然是间接地反映现实，但是经过千年的积累，敦煌壁画中经变故事画的数量多达数十种，因而反映的现实面仍然很广，涉及政治制度、社会结构、等级差别、民族关系、外交事务、军事行为、农牧生产、渔猎养殖、科技创造、工艺制作、交通运输、医疗卫生、宗教活动、民间风俗、商业贸易、文化交流、刑律法制、建筑设施、自然风貌、生态环境、信念追求等，为后人留下了研究历史的形象资料。

敦煌壁画的内容大多是佛、菩萨等神灵形象和他们活动的佛国世界。神是人的升华、人的映像，没有人也就没有造神的可能，离开了现实世界，佛国世界也就不存在。所以，敦煌艺术尽管在创作上很有局限性，但通过艺术家的创造，却与现实生活产生了密切的关系，在一定程度上仍然是封建社会的一面镜子。它直接、间接地反映了中世纪社会各方面的复杂情况，通过艺术形象可以了解当时的社会现实情况。因此，敦煌壁画不仅是艺术，也是形象的历史，是一种珍贵的历史形象资料宝库。

父亲在研究敦煌石窟艺术时，采取了总览式的叙述方式、分期式的分析方式和单项式的剖析方式。

总览式的研究是把一座石窟艺术作为一个艺术整体来进行梳理。《敦煌壁画概述》和《榆林窟壁画艺术》就是用的总览式的叙述方式。《敦煌壁画概述》在第一部分介绍了敦煌石窟艺术产生的历史背景、思想基础、政治因素、民族关系、社会环境、自然状况及文化积淀等情况，并介绍了敦煌石窟艺术的营造规模，指出其在人类文化发展历史长河中的重要价值。第二部分则是对敦煌壁画的内容和形式进行简明扼要但并不简单的介绍与叙述，特别是对"佛像画""故事画""传统神话题材""经变画""佛教史迹画""供养人画像""装饰图案"七大内容进行了明晰的介绍。第三部分则是叙述了佛教艺术传入中国后与中国的思想文化传统，特别是与中国原有的儒家和道家思想融合的过程，以及与中国本土创作方法、艺术技巧的互补，对中国本土艺术的借鉴与创新。《敦煌壁画概述》一文在后来出版的《中国美术全集》中的《敦煌壁画》上卷和《敦煌研究》期刊上发表，《榆林窟壁画艺术》在《敦煌石窟艺术·榆林窟第二十五窟》的画册中发表，这两篇文章对人们了解敦煌艺术的整体面貌起到了辅导作用。

分期式的分析方式是把敦煌艺术分成若干个时段来进行比较深入的研究。《早期的莫高窟艺术》《十六国、北朝时期的敦煌石窟艺术》《唐代前期的莫高窟艺术》《唐代后期的莫高窟艺术》《晚期的莫高窟艺术》等文章就是通过分期来研究和著述的。《十六国、北朝时期的敦煌石窟艺术》详述了北凉、北魏、西魏和北周160多年中的39个洞窟的建筑形制、塑像和壁画的内容及形式，以及各类艺术技巧相互融合、发展创新的过程，特别详细分析了西域式风格和中原风格融合演化的过程，指出在西魏时期，佛教石窟里出现了非佛教的民间神话题材。这类题材是在佛教和儒家、道家思想进一步融合的过程中，从墓室进入石窟的，丰富了石窟艺术的内容，促进了敦煌石窟艺术的进一步民族化。在佛、菩萨形象中，在故事画中，出现了中原汉装或南朝名士形象，出现了潇洒飘逸的精神风貌，在静的世界里增添了动的情趣，突破了西域佛教规范，形成了中原式的佛教艺术体系。

莫高窟唐代的石窟艺术达到了自身发展的顶峰，唐代兼崇释老，虽然把道教放在佛教之前，但并未废除佛教，反而"情深护持"。特别是到了武周时期，佛教地位更居道教之前。在强大的政治力量推动下，佛教振兴，各个宗派争奇斗艳，浮屠道场遍布天下。敦煌地区本是佛教传播要道，这时更是兴旺发达。唐代前期指618—781年。这一时期是敦煌莫高窟造窟最多的时代，现存的就有127个。这些洞窟同中原地区的寺院一样，体现了大乘佛教思想，展示了佛教和佛教艺术全盛时期的面貌。唐代后期指781—848年。父亲在《唐代前期的莫高窟艺术》和《唐代后期的莫高窟艺术》中对唐代的莫高窟艺术进行了分期分析。

唐代经济力量雄厚，政治力量强大，丝绸之路繁荣。唐代前期的壁画，从内容到形式都得到了划时代的保护和发展。不论是佛像画、经变画、佛教史迹画和戒律画，还是供养人像和装饰图案都展现了艺术家追求的雄伟壮丽、辉煌灿烂的时代风貌。除了长达16米的大卧佛，还有高达33米和26米的北大像和南大像，分别雄踞在鸣沙山崖畔，气势非凡。洞窟中的唐代彩塑更是现实人物的生动复制。唐代的彩塑菩萨塑造得丰润婀娜，如同宫娃；护法神将更是威武强健，如同驾前武夫。壁画则宏图巨制，色彩缤纷，雍容华贵，精描细染，人间的宫廷乐舞被搬进了佛国仙境。

唐代经变画是敦煌壁画中的特殊形式，占据了唐代洞窟的很多墙面。其中"阿弥陀经变"28壁，"法华经变"20壁，"观无量寿经变"17壁，"弥勒经变"17壁，"维摩诘经变"11壁，"东方药师经变"6壁，"涅槃变"5壁，"劳度叉斗圣变"1壁。"阿弥陀经变"亦称"西方净土变"。第220窟南壁的"阿弥陀经变"是莫高窟规模最大、保存最好的一幅贞观十六年（642）的作品。图中碧波荡漾，莲花盛开，化生童子自莲花中出，阿弥陀佛趺坐于中。中央莲台上，观音、势至胁侍左右，四周菩萨拥绕，池前平台雕栏，东西两侧楼阁耸峙。乐队坐于两厢，中间一对舞伎，宝冠璎珞，穿石榴裙，挥动长巾，翩翩起舞。周遭孔雀、鹦鹉、迦陵频伽、共命鸟等，振动双翼，应弦而动。上空彩云与乐器飘游天际，不鼓自鸣。纷繁复杂的构图，把西方净土表现得淋漓尽致，充分展现出佛国世界的华丽与欢乐。

第431窟初唐的"观无量寿经变"，壁面中间是"西方净土变"，两侧立幅分别画"未生怨"和"十六观"，讲述一个因果报应故事。国王频婆娑罗年迈，求子心切，闻知一修行人命终即来投胎，遂害死了修行人和修行人转世的白兔，之后王后果然有孕生子。相师曾预言，此子因生前结怨，日后必害其父。王子长大后杀死国王，囚禁王后。王后目睹种种苦难，心生觉悟，采用日想观、水想观等十六观修行，终于得到解脱，进入佛国净土。这则故事主要是劝诫人们不要作恶。

"弥勒经变"有两种，一是"弥勒上生经"，画弥勒菩萨戴宝冠交脚坐于兜率天宫殿内，两侧重楼高阁之中，天女歌舞奏乐的场景。二是"弥勒下生成佛经"，图中画"善跏坐弥勒像"，上有宝盖悬空，左右圣众围绕。多数"弥勒经变"将"上生经"和"下生经"合并成一幅。弥勒佛以下画婆罗门拆毁楼阁建筑，以此比喻人生无常，同时宣扬涅槃最乐。图中两侧画各种美妙事物，均来源于现实场景，可供历史研究者参考。

"法华经变"在唐代前期的洞窟中十分常见。"法华经变"

以《妙法莲花经》为依据，此经共二十八品故事。"法华经变"在大乘经变相中内容最为丰富，其中包括了行旅、航船、战争、刑法、盗贼、医疗、宅院和宗教活动等现实生活画面。

唐代前期的"维摩诘经变"一般都在洞壁的门洞两侧，都是以"维摩示疾""文殊问病"为主线，引出众多人物和各路神灵前来问病以及神通变化。画面通过渲染这位拥有妻子、儿女、奴婢和田园宅邸的在家居士，宣扬了大乘思想。

"东方药师经变"依据《药师琉璃光七佛本愿功德经》绘制。画面主体为七身药师佛，周围绘药师净土，下部绘灯楼灯树。乐舞场面规模宏大，渲染出"天花遍覆、天乐常鸣"的美好情景。画面两旁长条立幅，绘有"十二大愿"和"九横死"。宣扬只要一心敬佛，就可以超脱人间苦难，并使各种美好愿望得以实现。

唐代前期的"涅槃变"多为大乘涅槃，主要依据《大般涅槃经后分》《大智度论》和《菩萨处胎经》等，内容有双林入灭、迦叶礼足、舍利弗先佛入灭、佛母天下、现身说法、金棺出城幢幡供养、香楼涂毗火自棺出、八王兴兵竞争舍利、伏波吉均分舍利等场面。322窟和148窟画面极宏伟，322窟南壁上部的"八王争舍利图"描绘西域骑兵在山溪流水间鏖战，形象生动，颇有古战场的气氛。

"报恩经变"出现在148窟甬道顶部，其中"序品"画阿难持钵行乞，路遇孝子婆罗门肩负老母乞讨，为全经变点题之作。

"劳度叉斗圣变"在唐代前期刚刚出现，在335窟龛内两侧，北侧画舍利弗，南侧画劳度叉。虽未形成大幅构图，但大体格局已然形成。这一表现佛弟子与外道斗法的变相出自《贤愚经》。

佛教史迹画和戒律画，在唐代前期得到更为精彩的描绘。父亲特别指出，佛教史迹画中既有真实的历史人物和历史事件，如三国时期名僧康僧会自海路到江东传播佛教，受到孙权、孙皓等恭迎礼待的故事即是，也有佛徒们虚构的事件，如323窟佛教史迹画中的汉武帝派张骞出使西域大夏问佛名号的故事就属虚构。张骞出使西域本是出于政治和军事方面的目的，和佛教无直接关系。佛教徒虚拟这样的故事，意在抬高佛教在与道教竞争中的地位。抛开别的不说，这幅壁画在技艺上确实精彩高超。人物造型刻画生动，背景山川晕染别样韵味，体现了唐代前期敦煌壁画家的创造性才华。

唐代前期的供养人画像是唐代肖像画的高度发展。很多供养人画像都是依据当时的真人来绘制的，如130窟"乐庭瓌供养像""都督夫人礼佛图"，329窟的"女供养人像"都是相当精彩的单像画和群像画，反映了唐代更重视人物肖像画艺术，注重对生活的真实描写和个性刻画，打破了以前千人一面的模式。这些世俗化人物肖像进入宗教石窟，说明民间艺术家在描绘宗教内容的同时，仍然在努力挖掘现实生活中的情趣。

唐代前期敦煌壁画中的装饰图案和唐代之前相比，也发生了很大变化，尤其是藻井和边饰，还增加了许多与建筑无关的新的装饰，诸如华盖、莲座、幢幡、地毯和服饰花纹等。图案纹样从前代的以仙灵神异为主，演变成以植物纹和几何纹为主。初唐藻井均为华盖式，高悬窟顶，华丽庄严。藻井图案纹样丰繁，充满了夺目的光彩和运动的旋律。盛唐藻井转为庄重严整，浓艳富丽，热烈辉煌。装饰图案中最绚丽豪华的是服装纹饰，不论塑像还是壁画都从当时的丝绸锦缎中撷取采用了不少，可见敦煌石窟的装饰艺术进一步接近现实生活，减少了宗教的神秘感，增加了个性化。

唐代前期的敦煌石窟艺术，取得了极其伟大的成就。父亲将其放在初唐和盛唐的文化艺术整体氛围中来进行分析。他对造型、构图、线描、赋彩、传神等方面的创造性发展和伟大成就等不同方面进行了深入的分析，指出随着丝绸之路上中外友好往来和文化交流的扩大，吸收外国优秀文化成果也成为唐代文化艺术发展的重要因素。唐代前期的敦煌艺术直接或间接地受到印度笈多王朝艺术的影响，在菩萨的装束、姿态及形体凹凸晕染方法上都有所借鉴。然而借鉴和影响不能代替创造，敦煌莫高窟艺术毕竟生长在敦煌的沃土上，丝路重镇无比丰富的生活源泉、敦煌自身的深厚传统和艺术家的辛勤劳动以及唐代文化艺术的辉煌成就的强烈感染，使个性鲜明的唐代敦煌艺术锦上添花、光彩夺目。唐代敦煌莫高窟艺术，在几百个洞窟中居于最突出的地位，不仅数量多，而且艺术水平高。在佛教空前兴盛的唐代，中国的佛教艺术影响及于四邻，西逾葱岭，影响到西亚及印度，又东渡大海，与日本佛教结下了不解之缘。这中间，敦煌艺术家的贡献，具有不可磨灭的功劳。

在分期式的研究课题中，父亲还给自己列出"早期的莫高窟艺术""唐代后期的莫高窟艺术""晚期的莫高窟艺术""融合中西成一家——莫高窟隋代艺术研究""创新以代雄——敦煌石窟初唐壁画概况"等一些专题，并写出提纲和小标题，以便在思考过程中随时补充新的思路和发现。

此外，父亲还选择了一些有独立性、独特性的课题加以研究，这是对单项式的剖析方式的运用。如"敦煌彩塑艺术""试论敦煌壁画的传神艺术""道教题材是如何进入佛教石窟的""飞天——乾达婆与紧那罗""玄奘取经图研究"等。说起对"敦煌彩塑艺术"的研究，父亲并不是搞雕塑的，但长年累月在洞窟里工作，那些彩塑作品总是不断进入其视线内，而且彩塑也是敦煌艺术的一个重要组成部分。敦煌石窟保存着历代塑像三千余身，包括圆雕塑像两千余身，影塑一千余身。在元代以前的两千多身塑像中，基本完好的有一千四百多身，其余大都经过后代装饰或重塑，有的已失去原作面貌。但像敦煌莫高窟这样保存古代彩塑数量多、延续长、技艺高的石窟，是我国和世界文化宝库中一宗灿烂的艺术瑰宝。敦煌莫高窟是建筑、彩塑、壁画三者结合的统一体，而主体是彩塑。父亲把敦煌彩塑的发展演变过程分为三个时期来研究：早期——发展期，包括北魏、西魏、北周三个时代；中期——极盛期，包括隋、唐两个时代；晚期——衰落期，包括五代、宋、西夏、元四个时代。

父亲在观察早期塑像前后变化的过程时，以北魏孝文帝太和改制为分界线。早期塑像体态健硕，神情端庄，色彩明快，造型厚重，手法简朴，后面逐渐演变为眉目疏朗、眼小唇薄、脖颈细长、清秀恬淡、飘逸闲畅的塑绘新风。其历史原因和文化思想是，北魏统治者提倡的中原汉式衣冠风行于北方，南方"秀骨清像"的艺术风格也一并传入敦煌，因而，敦煌早期彩塑也发生了南方化的改变。

敦煌彩塑最辉煌的时期是隋唐时代。在隋代已经有高达四五米的塑像。隋代塑像的造型特点是头大、体壮、腿短。427窟是隋代规模最大的洞窟，全窟塑像多达28身之多。唐代塑像规模更大。148窟涅槃像长达16米，右胁而卧，绕佛而立的七十二弟子中，有菩萨、天龙八部、十大弟子和各族信徒。158窟的涅槃像规模与148窟相当，但周围徒众绘为壁画，涅槃像造型洗练，比例适度，神情恬淡，睡态自然。莫高窟有唐代大佛塑像两座，北大像高35米，南大像高26米。唐代塑像制作最多最精的是与人等高的群像。在一铺像中，佛是最高统治者，形体最大，居中位，其次为观音、势至等大菩萨和天王。迦叶、阿难虽是佛的近侍，但因道行等级不高，形态小于菩萨，胡跪在莲座上的供养菩萨等级更低，体形更小。至于天王脚下的怪物，属于魔鬼，更是卑小丑陋。唐代僧侣的地位很高，武则天曾破例赐僧侣衣紫，所以唐代迦叶、阿难内穿绣襦、锦裙，外套山水衲或紫袈裟，是当时贵族僧侣的写照。菩萨像在唐代塑像中占有重要地位，数量多，制作精细。菩萨像有立有跪，观音、势至是十地菩萨，除了佛，只有他们有资格坐在莲台。无论坐像或立像姿态都比较自由，身体比例匀称，面相丰腴，肌肤细腻，双手纤巧，两足丰柔，身饰璎珞，腰围锦裙。菩萨像的女性化迎合了当时某些世俗欣赏的要求，取悦于众目，竟为一时风尚。天王力士都是佛教的守护神，隋代的天王像身体比例不够协调。虽然也两眼圆睁，姿势威猛，但缺乏内在力量。唐代天王依据现实军队武将的形象来加以夸张塑造，他们身着盔甲，腿裹行縢，脚穿毡靴，攥拳怒目，孔武有力，气势逼人。唐代对于天王像的塑造，富有启发性的是，塑像生动逼真，来自生活的馈赠，而大小不一的区别，则来源于现实生活中社会等级观念的影响。

五代、宋、西夏和元这四个时期，是敦煌彩塑的衰落期。五代宋初，瓜、沙等州的统治者为曹议金家族，他与中原的宋王朝，与北方的辽，西方的于阗，东方的甘州、回鹘等建立了比较紧密的关系，在敦煌一带维护了百余年的安定局面。在此期间，曹氏家族充分利用佛教这个精神武器，设立画院，集中一批打窟工人、画匠和塑匠，从事开窟造像工作。但由于五代和宋的石窟多在下层，遭到破坏较甚，现存塑像不多。只有曹元忠建造的55窟还保存着一铺较为完整的宋塑，有佛、菩萨、弟子、天王、力士等十余身，形象衣饰沿袭唐代遗风。西夏和元代，虽然还在继续修窟画壁，但塑像不多，只有几件说法像和释迦、多宝并坐像，手法与宋代无异。由于河西走廊的政治、经济、文化和交通等方面的变化，以及佛教本身的衰落，佛教艺术也渐趋没落、一蹶不振了。父亲在对敦煌彩塑各时段具体分析和研究的基础上，对敦煌彩塑的目的作用、时代特征、艺术技巧、发展变化、艺术价值和历史价值作了深入全面的总结。

此外，父亲还从整体上对榆林窟的壁画艺术进行了思考。他当年在榆林窟领导第25窟整窟壁画临摹时，也对其他洞窟进行过全面细致的考察研究。榆林窟洞窟共42个，父亲分别对吐蕃时期、瓜沙曹氏时期和党项蒙古三个时期的壁画进行了思考。

吐蕃时期的作品中，父亲重点关注第25窟的修建年代。父亲对25窟的壁画内容进行了研究，还对25窟的艺术成就进行了认真的分析。25窟壁画的线描达到了炉火纯青的境地，尤其是兰叶描，精练准确，圆润流畅，轻快潇洒，组成了千变万化的艺术形象，谱写了一曲线描的赞歌。25窟的色彩效果在盛唐基础上又有新的创意，从金碧辉煌、富丽堂皇转向沉厚清雅。石绿被大量使用，朱磦大红被改为赭石与土红，叠晕层次减少，呈现清淡、浑厚、典雅、和谐的美感。传神技巧也大大提高，生动而自然。"无量寿经变"和"弥勒经变"中，各自营造了不同的净土境界。弥勒世界里神、人在大自然空旷岑寂的气氛中互相交织融合，呈现出道教清虚思想的渗入。无量寿世界是一个纯粹的神的世界，体现出天国圣众在"安住""慈爱"和"诸根寂静"修持中的禅境，也是"动静不二"的佛教哲理境界。

瓜沙曹氏掌控时期，在榆林窟建窟28个，构成榆林窟的主体。经变画、供养人画像、尊像画、佛教史迹画和装饰图案相当丰富。经变画68铺中，第33窟的"降魔变"、第32窟的"梵网经变""文殊变""普贤变"，在榆林窟第35窟中变成布满南北两壁的巨型横幅。云海茫茫，文殊、普贤分别乘青狮、白象，在众圣簇拥下缓步徐行。彩幡飘扬，天花乱坠，八部天龙、诸天圣众挟声威而来。浩浩荡荡的巡天行列，气势非凡。这种式样的"文殊变""普贤变"，是榆林窟壁画家开创的新构想、新式样、新境界。第33窟的"地狱变相"是过去少见的题材，地藏菩萨居中，两侧有阎王判案，鬼使押罪人到业镜前回顾生前罪愆。修罗道、人道、轮回图穿插其中，杂乱森严。"维摩诘经变"的构图打破了过去的模式，见阿閦佛品首次成为画面中心。维摩诘观弈、妇挤牛奶、阿难乞乳、维摩诘与比丘谈话等画面中，城内城外结合，须弥山耸立在文殊宝座和维摩诘方帐之间，圣众由天梯下降世间，凡人亦可登天梯上天宫。这些画面丰富了"维摩诘经变"的意境，充分显示了榆林窟壁画家匠心独具的创造精神。供养人画像亦有新格局，曹氏家族的画像在洞窟内的地位日益显要，体形巨大，位置重要，数量众多，长幼有序，曹氏五代皆有画像。其他如少数民族、社人、佛徒和工匠也都有一定的写真表现。"尊像画"较少单身出现，更多的是天龙八部、十大弟子组成的群像。密教的如意轮观音、不空羂索观音等也组合其中。这一类尊像画与莫高窟的同类造像大异其趣。

1036年，西夏占领瓜沙二州，榆林窟是西夏人的佛教圣地，当时被誉为"世界圣宫"。西夏人从西藏迎来噶玛噶举派密教，形成了显密结合的佛教思想和佛教艺术。在敦煌莫高窟、安西榆林窟和整个河西走廊留下了大量的西夏佛教遗迹。

1227年，蒙古人灭西夏，攻占瓜州、沙州，元代佛教地位更高。西夏榆林窟的壁画艺术主要以大乘显教为主、密教为辅。密教中以藏密为主、汉密为辅，并努力将各宗各派融合在一起，以适应各民族信仰和审美的需要。到元代则变为以密教为主。榆林窟的佛教壁画，在密教思想的影响下，发生了很大变化，经变画的内容、构图和人物形象都有一定发展，人物形象刻画和线描技巧达到一个新高度。密教图像兴盛，汉密的不空羂索观音、如意轮观音、十一面观音、千手千眼观音等也多出现，以第3窟五十一面千手千眼观音变最富特色。西夏藏密来自西藏，多为曼荼罗，或称坛城图。如第3窟的五方佛曼荼罗、十一面观音曼荼罗中，四方有塔，塔侧有旗，圆坛与方城层层套叠，坛内安置尊像。

另一种藏密画是金刚（明王）图像，如第29窟的不动金刚，作愤怒状，一手持金刚杵，一手执蛇，是奉大日如来令降服一切恶魔的明王。藏密中也有不少美丽的形象，如第3窟曼荼罗中的一身菩萨，手持树枝，舞姿柔曼，神情恬逸，是颇具尼婆罗风的树下美人图。元代第4窟的密教图像，均来自西藏。"尊像画"中最引人注目的是水月观音，别具风格。第2窟的两幅水月观音图，画珞珈山上观音，倚石而坐，石后修竹数竿，岩下水波荡漾，莲花盛开。天空彩云托一弯新月与菩萨身边的光环相互辉映，颇有月夜之感，观音形象展现出温静娴雅的女性美。元代第4窟的释迦、多宝并坐说法图，与过去的见宝塔品大不相同，无论造型、坐姿、环境，与过去都有所不同，具有浓厚的藏密色彩。其他说法图也都抛弃了旧模式，新颖多变。

供养人像在西夏和元代洞窟中，全都是少数民族人物形象，如党项羌、回鹘和蒙古人等。西夏供养人像大都符合史籍中对元昊的形容，圆面高准，身躯高大。统治者的形象往往是一种审美时尚。元代洞窟中的蒙古人画像不少，第6窟供养人画像是蒙古王公贵族礼佛的样式。第3窟蒙古族男像头戴宝顶笠帽，着黄色氀衫，搭护衣，脚穿六合靴，题名"思钟答里太子"。女像第二身戴顾姑冠，头插羽毛，长裙曳地，系蒙古贵妇礼服，题名"太子答里夫人"。第39窟甬道有回鹘男女供养像，装束特殊，形象衣冠多与西州回鹘接近。装饰图案保存完好的多是西夏和元代的作品，唐宋图案所剩无几，多已被密宗曼荼罗替代。第2窟的藻井团龙，因富于动感的团饰而使人感到龙在不停地旋转。第10窟中心为曼荼罗，四周多装饰各种花边、各种花草纹样、瑞兽纹样、各种乐器纹样，种类繁多，交相辉映，反映了当时的美术家在图案设计和绘制中的聪明才智及创造精神。

父亲在对榆林窟全面梳理和分析研究后，得出如下结论："榆林窟壁画艺术是敦煌石窟艺术的重要组成部分，它在佛教思想、壁画内容、表现形式等方面均与莫高窟一致，甚至一些壁画的作者也是与莫高窟共有的。但是，榆林窟艺术并非莫高窟的翻版，而是具有许多自己的特色。如在洞窟的形制上，有完整的前室和长甬道。主室壁上画出十二根排柱支撑窟顶宝帐的窟室样式，都是莫高窟没有的。壁画中西夏和元代的密教曼荼罗和水月观音图，显密结合，加以汉密、藏密结合的画法，尤其是大量的民族人物画像、画工画师画像以及汉藏婚礼图，也都补充了莫高窟之不足。在艺术风格的多样化和艺术美的创造上，榆林窟的一些作品甚至超过了莫高窟。如西夏的线描和水墨山水，特别是唐代吐蕃时期第25窟壁画，色彩明丽而不浮华。其保存完好程度更是莫高窟同时期壁画所难以比拟的。榆林窟艺术的高度成就，大大丰富了以莫高窟为首的敦煌石窟艺术体系。莫高窟、榆林窟，同西千佛洞、东千佛洞、水峡口千佛洞、五个庙石窟等共同构成了一个伟大的古代艺术宝库。"

1966年，常书鸿所长有个想法，想要举行一个纪念莫高窟建窟1600周年的活动，当时父亲的身份是学术委员会秘书，常所长便让父亲写一个相关计划。父亲觉得这个事情应当做好，所以他认真起草了计划书，积极完成了这项任务。父亲心中有个遗憾，乐僔和尚是第一个在鸣沙山崖壁开窟的人，可始终找不到可靠的依据证明哪一个洞窟是他开凿的，但他于366年在莫高窟建窟、至今已有1600年是有根据的，所以开展一次纪念活动完全可行。计划书交给常书鸿所长后，父亲开始推进一些具体的学术工作，比如请外地专家学者来敦煌开展学术活动，组织文物工作培训班辅导讲座等，稍有空闲时还继续临摹一些壁画作品。

那段时间，所里给业务人员安排的重体力劳动不多，除偶尔参加一些窟前清沙外，基本没有额外的劳动任务。父亲搞研究、写东西的时间也比过去多了。父亲非常清楚，他的这些研究文章写出来，要发表是很不容易的。研究所没有自己的专业刊物，莫高窟的工作环境又相对封闭，和外界的接触少，也不了解哪些刊物可以发表这类文章。同时，虽然被摘掉了"右倾错误"帽子，但父亲还是被有些人另眼看待，想发表论文更不容易。但父亲搞研究、写论文，并不指望一定能发表，他认真临摹的目的是"对得起古人，对得起观众，对得起自己的责任心和良知"。因此，他一如既往地继续思考敦煌文化艺术遗产的一系列问题，有的写成初稿，有的拟好提纲，并把一些思考所得记录下来，以备进一步充实。

第四章
执着坚守　改革开放春风来

"20世纪初王道士的功过，已被岁月的长风雕琢成沙、磨砺为尘，也许，这就是敦煌的'劫数'——她汇集了太多人类的智慧之光与艺术奇迹——她以这样的一种形式再次面世，并折射出完美，来接受朝圣者的顶礼膜拜。"

20世纪50年代末60年代初，敦煌一带也遇到饥荒年景。因为干部职工口粮定量有限，当时敦煌文物研究所较少给职工安排重体力劳动任务，业务人员主要完成自己专业方面的工作。父亲除了参加一些美术组的临摹任务和学术委员会的事务外，主要仍在考虑自己的写作计划，确定题目，编写提纲，记录自己的研究心得和体会。父亲有记日记的习惯，他的书柜和抽屉里存放着数十册日记本和数千张资料卡片。

父亲的藏书很多，有国内美术方面的刊物，还有一套完整的《世界美术全集》和苏联《星火》杂志。我可以经常翻看有关美术的画册、刊物和书籍，还阅读了《封神演义》《红楼梦》《西游记》《三国演义》《水浒传》《聊斋志异》等名著，也陆续阅读了《钢铁是怎样炼成的》《战争与和平》《远离莫斯科的地方》等名著和中国现代作家欧阳凡海的《无辜者》以及一些唐宋诗词等，不但丰富了我的学习生活，也让我从中汲取了不少知识。

那时候我正在学习绘画，父亲指导我临摹他的壁画线描稿，还让我练习石膏像的素描写生，要我区分出西方石膏人像与印度石膏人像之间的区别和特点。有时还带我到洞窟去观看壁画，给我作讲解和说明。第220窟、第3窟和第61窟，他都领我看过。我还在父亲的指导下画过第61窟墙上人物的素描写生。第61窟规模大，内容多，不仅后壁上的巨型山川风俗画令人震撼，其下部的横排连环组画也是幅幅精彩。还有从洞口进入时，左手边东壁南墙上的那些武士形象，神情动态栩栩如生，其人物形象的刻画与表现令人赞叹。

回想那时真有那么一段相对平静的生活，但社会上的极左思潮再次呼啸而来，汹涌而至。开始听说是农村搞"四清"运动，好像和事业单位没有关系，但不久，敦煌文物研究所就来了社教工作组，说是不整群众，主要是整走资本主义道路的当权派。工作组召集会议，发动群众揭发批判领导干部的问题。说起所里的领导，主要就是常所长一个，还有一位党支部书记。

常书鸿长期在兰州工作，先是担任兰州艺术学院院长，1962年，艺术学院撤销后又被安排到省文联当主席，所以，那位支部书记实际上成了所里的主政者。"四清"运动中，职工主要对这位支部书记提了一些思想作风和工作作风方面的意见，工作组上报地区工作团批准，将其降职降级处理。这个处理是否被落实并不清楚，因为另一场声势更浩大的"文化大革命"以排山倒海之势扑面而来。前面的"社教"还有一个"不整群众"的说法，这一次就不同了，没有这样的界线，凡是被认为有问题的人，都可以随时拉上台去批斗一番。父亲已被整过一次，这次自然是在劫难逃。

当时红卫兵组织大串联，风靡全国，各地纷纷效仿，组建了许多群众组织。敦煌文物研究所的群众也成立了几个战斗队，起初是学习红卫兵到北京等地大串联，至1967年就开始对常书鸿、李承仙、孙儒僴、史苇湘、李其琼以及父亲等进行批判斗争，并把我父亲和四川籍的几个人说成是常书鸿所长的"黑班底"。1957年，这些人是作为常所长的对立面被打倒的，现在又成了常所长的"黑班底""黑干将"遭到批斗，真是莫名其妙。当时造反派列出我父亲的罪状就是为常所长搞莫高窟建窟1600周年纪念活动出谋划策，为封建主义文化垃圾涂脂抹粉，充当牛鬼蛇神的马前卒、"黑干将"等，写检查必须围绕这些问题来交代。为了寻找更多证据，造反派还去这些被批判的对象家里抄家。

我们也被抄家了，一群人在书柜、书桌中一顿乱翻，拿走了父亲的日记本、手稿、读书笔记等，最后没有发现什么反革命的证据，又把这些东西还回来了。父亲的书籍很多，他也记不清有哪些东西丢失了。可有件东西后来始终找不到，那是我亲眼见过的父亲于1945年获得的国立艺专毕业证书，上面有潘天寿校长的签章。后来我整理父亲的书籍和其他物件时，始终没有找到这张毕业证书。

随着群众运动的深入，站在台上被批斗人员的数量也在增多，大家挨个遭到训斥。造反派、工宣队和革命委员会认为，父亲临摹了大量的敦煌壁画，积极参加敦煌壁画的展览活动，极力宣传"封、资、修"的文化糟粕，还写了一些文章，准备大肆贩卖封建主义、资本主义和修正主义的腐朽思想与审美观念，责令父亲交代新中国成立前的历史问题与如何追随常书鸿、以艺术为名为宗教鸦片唱赞歌的问题。

当时父亲除了写交代检查，还要不断参加造反派安排的重体力劳动，又回到了反右派斗争时期的状态。有时清理厕所，有时喂猪放羊，最危险的是打井。人坐着筐子被吊下去，用铁锹挖壁铲土，土装满筐再拉上来。那时没有安全防护措施，一旦出事，后果不堪设想。我听到这件事，心里非常紧张，一直为父亲捏着一把汗。好在父亲和李贞伯等几个打井的人，都平安无事，没有发生意外。

父亲对自己的前途已经作了最坏的打算，但对于莫高窟这座文化艺术遗产宝库却非常担心。因为"破四旧"，当时各地都有毁坏文物的事情发生，万一有人来破坏莫高窟怎么办？好在当时的研究所，不管是造反派还是保守派，不论是革命群众还是被批判对象，都不愿意莫高窟遭到破坏，大家逢人就宣讲周总理的指示"'四旧'可以批，但文化遗产不能破坏，要保护"。一提到周总理，红卫兵的态度就有了变化。父亲也在不暴露"牛鬼蛇神"身份的前提下，参与劝说来串联的红卫兵保护莫高窟。莫高窟在"文化大革命"风暴中得以完好无损，这是一大幸事。

1970年，当时的研究所革命委员会终于下手，将父亲以及史苇湘、孙儒僩、李其琼、贺世哲等人清除出文物工作队伍，安排到农村当农民。母亲龙时英已经受迫害患有幻听症，父亲怕把她一人留在莫高窟会加重病情，决定和母亲一起到农村去。当时革命委员会倒是征求过父亲的意见，问他是愿意回四川老家还是去敦煌农村。父亲回答："我的家就在敦煌，就到敦煌农村吧！"革命委员会便联系了敦煌农村的接收地。

父亲叫我回敦煌帮着整理东西，主要是处理他的藏书。在他的安排下，成套的《世界美术全集》《美术丛书》被赠送给研究所，对我有用的书籍画册被我带回兰州，还有一大堆文学、历史等各种杂书被分别捆扎好，全部廉价卖给县城的废品收购站了。现在想起来很多珍贵的书籍被当废品卖了非常可惜，但当时不这样处理也别无他法。

父母去的地方是敦煌县郭家堡公社敦湾大队，父亲希望所里派卡车送一下，所里回答说车很忙，等一等再说。我是请假回来的，父亲怕我耽误工作，让我先回单位上班。后来，父亲又去要车，革委会主任说："现在所里就一辆卡车，周转不开，你就用牛车拉东西吧。"父亲想想，也只能这样了，好在以前也赶过牛车，还有些经验，于是借来所里的牛车，装上一应生活用品，带上一些舍不得处理的书籍，把母亲扶上车，回头依依不舍地望了望自己埋头苦干了20多年的莫高窟，沿着莫高窟向北的道路，扬鞭驱牛，默默而去。这是父亲写在回忆录中的情景，也是我心中永远的痛。我恨自己无能为力，在养育了自己的至爱双亲身处困境时，竟然没有任何办法帮助他们。只能时不时地给他们寄点钱补充生活所需，在心中默默祈求他们平安无事。

1970年，父亲53岁，母亲56岁。在敦湾大队，父亲要和其他社员一样凭劳动挣工分，他干过的农活有修渠、浇水、翻地、耕作、收割、养猪、垫圈、积肥，几乎把敦煌壁画上古代农民的各种农业生产活动，都亲身体验过了。

母亲离开了研究所的人和事后，精神稳定了许多，可以力所能及地参加队里的一些生产劳动，能在家做饭、喂鸡，料理家务。但是过去在研究所遭受的迫害，对她刺激很深，幻听症不时发作，非常痛苦。有一天夜晚母亲发病了，整夜不睡觉，说有人要来迫害她。父亲借来队里的架子车，打着手电筒，连夜送母亲到县医院，经过几天治疗，总算暂时恢复平静。后来我把她接到兰州治病，住了一段时间，她思虑父亲一个人在敦煌农村，生活无人照料，又急着让我送她回去。母亲继续在敦湾大队劳动、生活，与父亲相依为命。

父亲在劳动繁重、生活艰苦的情况下，仍然坚持对敦煌艺术遗产进行思考。他一有空就研读有关敦煌的书籍，还不忘写下心得笔记，修改过去的研究文稿。那时他很清楚自己写的东西根本不可能发表，也不会引起别人的关注，但他仍这样无怨无悔，坚持研究，只是为了对古代遗产尽一份责任，了一种心愿，守一份自觉，感恩敦煌艺术给他的那一份难忘的温暖。

1972年秋，敦煌文物研究所军宣队长、研究所书记赵凤林到敦湾大队找到父亲，说是要落实知识分子政策，让父亲回研究所工作。父亲一时心潮起伏，思绪万千，回想过去在研究所的坎坷经历，历历在目，难以忘怀。他已经适应了农村，也逐渐习惯了当农民的生活状态，自食其力，简单平静，和队里的人关系也不错。虽然他也渴望回去继续搞研究，觉得保护遗产、传扬民族传统文化义不容辞，但一想到有人曾说过"'文化大革命'不是一次，以后还要搞多次"，保不准什么时候再搞起政治运动来，再被发配到农村当农民，年龄大了，身体不行了，岂不难办。思忖再三，父亲对赵书记说："我不想再折腾了，顺其自然吧。"赵书记再三说这是党的政策，父亲还是说要再考虑考虑。赵书记见父亲犹豫不决，只好说下次再来，乘车返回所里。

过了不久，新调来的革委会主任钟圣祖又派车来接父亲。说起落实政策的事，父亲还是说要再考虑一下。钟主任说："不要再考虑了，不来也得来。这是党的政策，必须请你回来把业务工作抓起来。再说你老伴身体不好，还是回来好好休息一下，进城治病也更方便些。"

说到母亲，父亲总有些歉疚和无时不在的担忧，母亲受父亲牵连，也有落实政策的问题，只有回到研究所才能解决这件事。想到这里，父亲才终于下定决心回所里工作，毕竟莫高窟是他心之所系，母亲的事情也非解决不可。他对钟主任说:"好吧,不管是祸是福,先回去再说。"钟主任很高兴地说:"好,那今天先送你回去把东西收拾好,过两天所里派车来接你们。"

回到队里,父母亲把生活用品、简单家具收拾捆扎好,并依依不舍地和村里的乡亲们告别,乡亲们也为父母亲能重返莫高窟而高兴,诚挚地为他们祝福。

原来在莫高窟的居所已安排别人居住了,所里便将父母安置在中寺后院南侧的两间平房,对面就是常书鸿所长的居所,中间隔着一个小院子,长有两棵果树。安顿好以后,所里将父亲离开时捐的书也还回来了,父亲收拾好书桌文具,开始整理笔记、卡片和研究心得,准备写作研究论文。被遣送下乡的史苇湘、孙儒僴、李其琼、贺世哲等也都陆续返回,

1975年,段文杰(站立者右二)和几位同事在洞窟前合影。

各自恢复原来的工作。大家都非常珍惜这来之不易的时光，抢时间争速度，尽心尽力为敦煌事业做出自己的贡献。除了参加政治学习、"批林批孔"外，体力劳动基本没再安排，母亲的病情也逐渐平稳，父亲有时间对原有的论文初稿进行修改补充，还准备搞一些新的研究课题。

1975年秋，为了查寻敦煌早期洞窟的分期断代资料，经所革委会批准，父亲和关友惠、马世长、潘玉闪、孙国璋、祁铎等研究人员前往新疆，重点考察吐鲁番地区和库车地区的文化遗址及古代石窟。这次考察收获颇丰，从对吐鲁番的柏孜克里克石窟、吐峪沟石窟和阿斯塔纳墓葬出土文物，以及库车地区的克孜尔石窟、库木吐拉石窟和森木塞姆石窟的石窟建筑、壁画风格、壁画题材的比较与分析中，可以明显感受到汉晋文化艺术的影响和印度、波斯、希腊艺术的痕迹，也可见当地民族的审美意趣。

新疆石窟壁画中，描绘佛本生故事、新疆乐舞及动物的内容较多，佳作不少。构图上的菱形格式与敦煌及其他石窟有显著区别，这与新疆特殊的人文环境和地理位置有关。新疆地区具有强烈的开放意识和宽广的吸纳胸怀，这使其成为以中原汉晋文化为代表的东方文化向西方传播，印度、波斯、希腊文化向东传播的桥梁。

1977年，甘肃省歌舞团的表演艺术家为创作一部舞剧，在赵之询、许琪等人的带领下，结队来到敦煌，想从敦煌石窟艺术中得到灵感和启示。父亲觉得他们的想法很好，非常支持他们的工作，热心带领他们参观洞窟，向他们介绍那些绘有音乐舞蹈场面的壁画，还特别详细解说了敦煌壁画中最精彩的几幅反弹琵琶舞姿，并建议给舞剧中的老画工起名"神笔张"，这些内容都被歌舞团采纳。后来这部叫《丝路花雨》的舞剧成功上演，反响热烈，轰动国内外，之后又被拍成电影播放，给改革开放初期的中国文化艺术添加了浓墨重彩的一笔。

改革春风扑面而来，各个领域都在复苏。此时文物出版社要出版《敦煌彩塑》画册，并配发一篇有关彩塑的文章，所里把撰写专题论文的任务交给父亲，要求尽快完成。好在父亲以前已经对敦煌彩塑做过研究也写有初稿。父亲在初稿的基础上，做了修改和增补，如期完成任务。1978年，文物出版社出版了《敦煌彩塑》大型画册，父亲的文章以敦煌文物研究所的名义刊载在画册里。不久父亲又接到《文物》杂志社的邀请，要他在《文物》杂志的"敦煌专号"上写一篇论文，父亲就写了酝酿已久的《敦煌早期壁画的民族传统和外来影响》寄去。在这篇文章中，父亲对敦煌石窟十六国、北魏、西魏及北周四个时期壁画的内容和形式进行了分析，介绍了中国传统艺术形式和外来艺术手法在敦煌交汇、融合与演变的过程，赞扬了古代匠师对外来文化既有宽阔的胸襟，勇于接纳，更有严格选择、大胆改造的高度民族自信心和创新精神。这篇文章发表于1978年第12期《文物》杂志。

1978年，党中央确定了改革开放的大政方针，国内一些高校相继开设了"敦煌文书研究"课程，兰州大学历史系举办了"敦煌学讲座"，来函邀请父亲兼任客座教授，讲授"石窟艺术"。考虑到可以带母亲到兰州治病，父亲就动身到兰州住在我这里。父亲安心备课教书，我和爱人陪母亲到医院治病，照顾他们的生活。

父亲没有了后顾之忧，在兰大讲课的同时，帮助《兰州大学学报》组织"敦煌学研究"专稿。他自己在这段时间也在《敦煌学辑刊》上发表了《形象的历史——敦煌壁画的历史价值》一文，还撰写了《莫高窟220窟新发现的复壁壁画》《真实的虚构》《敦煌艺术的内容及其特点简述》《向敦煌壁画学些什么》等文章，分别刊载在《文物》《文艺研究》《敦煌学辑刊》《甘肃工艺美术》等国内刊物上，并着手准备修改《敦煌壁画中的衣冠服饰》初稿。

在兰大的课程告一段落时，研究所通知父亲尽快返回所里，有新任务。在父亲准备回敦煌期间，有一位我没见过的儒雅客人到我家来看望父亲。我不知道他是谁，只听他们谈着敦煌的事情，还有敦煌研究和衣冠服饰方面的话题。得知他刚在敦煌参加了一个专家会议，返回途中路经兰州小停，特来与父亲小坐。待他走后，我问父亲这人是谁，父亲说是沈从文。原来，当年研究所在北京历史博物馆举办敦煌艺术展时，沈先生参观了展览，父亲参展的临本最多，引起沈先生的注意，他特别关注了父亲临摹作品中的古代衣冠服饰。在交谈中，他希望父亲能在这方面写一些文章。父亲说他已经对敦煌壁画中的衣冠服饰写了专题研究文稿，现在正在补充修订。沈先生表示很高兴，希望父亲能早日发表这些文章，他认为这些研究很有意义。

父母亲返回研究所后不久，恰逢省委派出以宣传部部长吴坚为首的工作组，对所领导和职工群众之间长期积累的一些矛盾，以及知识分子政策不能切实贯彻落实的问题进行了深入了解，及时解决。在此基础上，对研究所领导班子作了调整：常书鸿仍担任所长，因年事已高，被安排到北京居住，任国家文物局顾问。父亲任研究所第一副所长，全面主持工作。刘鲽任书记，樊锦诗、尹俶任副所长。钟圣祖调文化厅任文物处处长。

工作组离开前，吴坚部长在全所职工大会上讲话，对新领导班子提出高标准严要求。希望新班子不要辜负大家的期望，不要辜负上级领导的嘱托，要按照党的路线政策办事，恢复党的优良传统，彻底转移工作重点，团结一致向前看，把敦煌的事业搞上去。

"把敦煌的事业搞上去"，也是父亲多年来的愿望。他回顾、分析了研究所的过去和现状，在领导班子会议上提出，要及时抓好几方面的工作：一是化解矛盾，促进团结，把大家的注意力集中到研究和保护工作上。二是在业务工作中发挥中老年研究人员，如史苇湘、孙儒僩、李其琼、欧阳琳、万庚育、李贞伯、霍熙亮、关友惠、刘玉权、樊锦诗、贺世哲、施萍婷、李永宁、孙纪元、潘玉闪、李振甫等的作用，要创造条件，让他们的研究成果尽快发表，营造良好的学术氛围。三是根据敦煌研究工作的需要，及时补充新鲜血液，壮大科研力量，培养年轻人才。四是保护工作要加大力度，增加人员，发挥原有的老职工窦占彪、巩金、吴兴善、范华、王炳、李云鹤等人的作用，在原有的保护工作基础上，研究和探寻科学化、现代化的新方法。五是关心职工生活，改善工作条件和生活环境，在保护第一的前提下，搞好旅游开发工作。刘鑅、樊锦诗、尹偰等班子成员和许多老职工也发表了很多很好的意见。看到大家对敦煌事业的关注和热爱，父亲对敦煌美好广阔的发展前景很有信心。

1980年，父亲主持召开了所务扩大会议，各科室的负责人和部分老同志都参加了会议，目的是回顾过去、分析现状、设想今后。经过大家反复讨论研究，对莫高窟的地质、气候等自然条件，研究所人员变化和机构设置情况，保护工作的成绩与不足，旅游接待工作的变化发展情况，研究工作的成就和局限，特别是我国敦煌学研究的现状和今后的任务，进行了客观分析和研判，制订出1981—1990年的十年工作规划，上报国家文物局以及甘肃省委宣传部、甘肃省文化厅和省计委，请他们批评指正，也希望得到有关部门的支持。

十年规划上报后，父亲认为很多事情必须马上开展，不能等，也拖不起。他主持所务会议布置安排了几项重要工作。第一项是抓紧做好中日合作的《中国石窟·敦煌莫高窟》五卷本的编辑出版工作，在前两卷撰稿任务已完成的情况下，

1981年，段文杰（右二）在京参加中日合作出版项目《中国石窟·敦煌莫高窟》五卷本编辑工作会议。

尽快完成后三卷的撰稿工作。第二项是安排好《敦煌》画册撰稿工作人员。第三项是为创办《敦煌研究》学术刊物组织稿件，要求全所业务人员积极撰稿，所领导和科室负责人更要带头。强调研究工作要围绕出书和试办《敦煌研究》进行，使大家的研究成果尽快见诸书刊，以利向外宣传介绍。第四项是积极准备出国举办展览。由美术研究室关友惠、李其琼和孙纪元做好设计展览方案，挑选作品，编写展品目录、说明，编选出版展出临本画集等工作。为了补充出国展品，聘请一些美院教师和美术室人员完成壁画增补作品的临摹工作。第五项是做好资料收集和整理，由考古研究室抄录第231窟、第55窟等洞窟内容题记，做好与法国敦煌研究组交换资料等事宜。第六项是要加强学习和交流活动。计划邀请北京大学宿白、阎文儒、王永兴和一些艺术院校教授到敦煌讲学，并安排研究所专业人员外出考察和进修学习。第七项是由保护组负责人孙儒僩尽快设计出莫高窟南区130窟至152窟的崖壁加固工程施工图，并做好开工准备。由孙洪才负责安装洞内壁画彩塑的保护栏杆。张伯元、胡开儒负责安西榆林窟的修缮工作。保护组要尽快建好存放洞窟加固工程材料的临时库房。做好壁画色彩化验科学鉴定会的计划和准备。李云鹤、段修业和孙洪才还要开展塑像壁画的修复与研究工作。第八项是要求行政事务部门及时向上级汇报工作，积极争取经费。在经费落实的情况下，做好新建简易住宅、办公室、汽车库、保修间，新增职工生活设施、扩建餐厅、建温室等各项工作。各项具体工作安排到位后，全所职工争分夺秒，积极投入到目标工作中。

由中国文物出版社和日本平凡社合作出版的《中国石窟·敦煌莫高窟》五卷本画册，由敦煌文物研究所负责编撰。父亲认为这是"文化大革命"后敦煌文物研究所编撰的一套重要的图录著作，一定要搞好。他要求全所业务人员都要参加到这项工作中来，大家热情很高，积极参加了这套图书的撰写、编辑、图版等各个环节的工作，按期、认真完成了各自的任务。此外，参与这套图书的撰写者还有中央美术学院的金维诺、文物出版社的黄文昆、北京大学的马世长、中国艺术研究院的肖默以及日本秋山光和、邓建吾、高田修等。

这套五卷本画册的编辑工作，是文物研究所首次成功的集体协作，展示了文物研究所的第一批研究成果，为后续发展奠定了良好的基础。父亲写的《早期的莫高窟艺术》《莫高窟晚期的艺术》《唐代前期的莫高窟艺术》《唐代后期的莫高窟艺术》等论文也先后在五卷本画册中发表。

五卷本编辑完成之后，父亲提出还应该编辑一本《敦煌研究文集》，把这些年敦煌文物研究所研究人员写的专题论文精选发表出来。大家都非常赞同和支持，对论文认真推敲，反复修改，力求材料翔实，立论准确，说服力强，体现了敦煌文物研究所的研究人员对民族文化艺术遗产的高度责任心、求真务实的学术品格和强烈的探索精神。史苇湘、贺世哲、孙修身、施萍婷、李永宁、刘玉权、万庚育、樊锦诗、马世长、关友惠、孙纪元等都有重要论文入编。文集中也收录了父亲的《十六国、北朝时期的敦煌石窟艺术》和《敦煌壁画中的衣冠服饰》。其实，父亲在20世纪60年代初期就开始了有关衣冠服饰的研究，并且写出了初稿，后因"文化大革命"而中断。80年代初，他利用每天早起的那几个小时，终于修订完毕并得以发表。父亲的研究工作开始较早，中间时断时续受到许多干扰。可以说，父亲的理论研究过程，发萌于前十多年的壁画临摹阶段，起始于风狂沙暴的艰难岁月，完成于春风吹拂的改革开放年代。

父亲倡导创办《敦煌研究》，是由于敦煌文物研究所没有专业的学术刊物，研究论文不能及时发表。所里必须要有专业的学术刊物，才能促进研究人员多出成果，快出成果。

1982年，研究院创办了国内最早的敦煌学专业期刊《敦煌研究》，从试刊不定期发行，到稳定的季刊、双月刊，研究范围逐步扩大，提交研究成果发表论文的院内外、国内外的学者越来越多，研究成果不断涌现，深受国内外敦煌学者重视，已成为国际敦煌学领域最有影响力的专业刊物。

石窟保护是研究所非常重要的工作内容，这方面成效显著，有四项保护研究课题获得了1981年化工部科技成果奖。父亲和保护专家孙儒僩经常就石窟保护工作交流沟通，许多看法比较一致，认为过去在防沙、加固崖体、防止坍塌方面做得较多，起了一定作用，但还必须做得更好，要把北区的崖壁加固提上议事日程。但是对洞窟内壁画和彩塑的保护还缺乏比较好的办法。随着时光流逝、阳光照射、气温变化、风吹沙打、盐分表聚、生物碰撞等多种因素的作用，壁画彩塑在不断发生变化，解决这些问题必须运用科学技术手段。父亲当时已经开始考虑石窟保护必须走科学化、现代化道路，尽快引进和培养高科技人才的问题。

1981年8月8日，是个很重要的日子。中国改革开放的总设计师邓小平同志到莫高窟视察。前一天，甘肃省委书记冯纪新同志先行到敦煌布置接待工作。冯书记对父亲说："小平同志来视察，你们要接待好，你可以把研究所的工作向中央领导同志汇报一下，参观洞窟时，分几个组，由你陪同邓小平同志并作好讲解。"

第二天，父亲和从北京赶来的常书鸿所长以及樊锦诗副所长等人在大门口迎接。陪同邓小平前来的有邓小平夫人卓琳，有关领导王震、王任重、肖华和冯纪新。参观前，领导们在接待室稍事休息，父亲简要地向邓小平等领导同志介绍了莫高窟的历史及文物的内容和价值，特别是藏经洞文物的发现、帝国主义的掠夺、敦煌学的兴起和有关"敦煌在中国，研究在外国"的说法，以及省委领导指示"一定要把敦煌学搞上去"后，全所职工憋着一股劲儿努力开展工作等情况。小平同志说："敦煌是件事，还是件大事。"接着非常关心地问父亲："你们有什么困难没有？"父亲回答："现在最大的问题有三个，一是洞窟保护工作要加强。20世纪60年代周总理批准投资一百万元，对洞窟进行一期加固，现在还有南区一段、北区一段需要加固。"说到这里，王震同志插话道："这都需要钱呐。"邓小平同志问："办这些事需要多少钱？"父亲回答："过去是一百万元，现在最少得三百万元。"接着父亲又说了另外两个困难："因为人员缺少，我们已经征聘了一批各类专业人员，这些人进来，急需解决一系列问题，比如指标问题、家属问题、子女升学就业问题。再就是改善职工的工作生活条件也迫在眉睫。不然已经来的人不安心，需要的人调不进，大学生分配没人来。只有把工作条件和生活条件加以改善，才能吸引更多的人来这里工作。"邓小平同志听完后，说："给你们拨三百万元够吗？"父亲回答说："够了。"小平同志向旁边的王任重同志说："你给他们解决一下吧！"

为了避免人多洞窟太挤，领导们分为两个组参观。父亲陪同邓小平同志、卓琳同志、肖华同志、冯纪新同志参观，王震等其他领导由副所长樊锦诗陪同参观。

父亲陪同邓小平等同志由北向南，参观了各时代最有代表性的洞窟，先是藏经洞，接着是45窟、61窟、285窟、257窟、220窟。父亲向小平等领导同志介绍了每个洞窟的时代背景、壁画内容和艺术特色。小平同志很有兴趣地观看着壁画，有时也提出一些问题，父亲认真作了回答。从220窟出来，父亲请邓小平同志一行在窟前准备好的椅子上稍事休息，之后又去112窟看了反弹琵琶图。从112窟出来，父亲对小平同志说："上层还有三个代表性唐代洞窟，但是要穿隧道爬台阶，比较陡，不好走，还是看下层的洞窟吧。"小平同志说："上去看，上！"随行的两个年轻人扶着他登上了130窟侧面的隧道，到达156窟。父亲向小平同志介绍了这窟壁画的内容，是张议潮收复河西、维护国家统一的历史事迹。小平同志边听介绍边仔细观看"张议潮出行图""宋国夫人出行图"等的画面细节。从156窟出来后，又进入158窟看卧佛塑像和壁画、"各国王子举哀图"，然后又转到159窟看"文殊变"中的舞乐场面和"吐蕃赞普礼佛图"。参观完洞窟后，父亲陪着领导们走到林荫道莫高窟小牌坊前，与已在那里等候的其他领导及常书鸿、樊锦诗等合影留念。邓小平离开前和大家握手告别，说："你们辛苦了，谢谢你们。"父亲等人也祝福领导同志们身体健康，一路顺风！

后来，中央和省里有关部门，很快将三百万元经费拨付到位。国家文物局还派出了以办公室主任金枫为首的工作组，到莫高窟考察并落实这笔款项的使用，保证这笔经费用于办公楼、科研楼和职工生活福利新区的建设。邓小平同志的到来，帮助敦煌文物研究所解决了很多实际困难，也给予父亲和研究所的职工极大的精神鼓舞。

1986年8月18日，父亲接到省里通知，省长贾志杰要陪同万里副总理到敦煌视察。当晚，在敦煌宾馆，父亲向万里同志汇报了研究院这几年的工作情况，万里同志对院里这几年的工作表示肯定，同时对保护文物和旅游开发之间的矛盾作出具体指示："旅游不能光想赚钱，还要想到文物保护。文物保护要有现代科学方法，可以派人到国外去学习，可以到外国文物保护得好的地方去学习，还可以跟他们合作。"

次日上午，万里同志在省长贾志杰及省、地县领导的陪同下视察莫高窟，看到售票处有人在买票，立即说："参观都要买门票，不能特殊。"万里同志一行买了20张票。

在洞窟前，父亲指着洞窟崖壁那些水泥柱子说："20世纪60年代的加固工程是周总理亲自批示的，拨款一百万元，由铁道部工程队施工，能承受7—8级地震。"万里同志说："周总理决定得好，有远见。"在看到洞窟内香港邵逸夫先生捐款装置的玻璃屏风时，万里同志说："这样好，可以防止有人用手摸或擦伤壁画。邵逸夫做了件好事，我看见他，一定要表扬他。"万里同志对洞窟管理比较满意，说："管理还可以。"看到洞窟前有烟头时说："你们管理还应该严格些，发现抽烟就罚款。"在询问了票价后,万里同志说:"门票价格太便宜了,票价与国宝价值不相称,可以涨价。"父亲说:"这是国家文物局、旅游局通过物价委员会定的,我们还不能随便涨价。"万里同志又重复了一句:"票价太低了,要跟他们商量。"

参观洞窟之后,万里同志到莫高窟新区休息时,父亲又向他汇报了两件事。一件是去年日本政府赠给中国文物保护经费50万日元,起初说是给敦煌研究院的,后来给了另一家单位,可是敦煌研究院根据捐款情况购买了一批保护文物的仪器设备,现在仪器设备到了却没有钱去取货,约需人民币一百万元,希望上级能解决一下。万里同志说:"你们打个报告给文化部,他们会转上来。"

父亲汇报的另一件事是,文物研究所扩建为敦煌研究院后,一院两地,统一领导。兰州建院部是为了聚集人才,但建院部需花费一千万元,原计划省里出一半,中央给一半,请中央支持一下。万里同志说:"这件事我知道,写报告给文化部。我回去叫新的副部长高占祥同志来看看。"又对贾志杰省长说:"你们省政府和文化部商量商量,定出个办法,一定要保护好、利用好敦煌文物。"

万里同志走后,8月底,文化部副部长高占祥与文化部吕局长、刘处长、田处长和省文化厅的同志就来到莫高窟。高部长一见面就说:"我是根据万里同志的意见到敦煌来的,一是看望在敦煌工作的同志,二是研究一下敦煌文物保护和管理方面的事情。"父亲陪同高部长一行观看了洞窟壁画彩塑，并视察了窟区环境。

回到接待室，父亲向高部长汇报了保护研究的情况，陪同前来的省委秘书长和省文化厅负责同志也谈了一些意见。高部长说："段院长提出了很多问题，我今天回到住处后和文化部几个同志开个会。有些问题要具体研究，明天来了再谈解决办法。"

第二天，高部长一行又从敦煌宾馆来到莫高窟，在全院职工大会上，高部长作了重要讲话。主要内容是：关于加强文物保护，一是靠法制保护，追究违反者的责任。二是靠科学保护。文化部马上拨款一百万元，用于支付院里购买仪器所需费用。三是靠设施保护。现在洞窟里的玻璃屏风就很好，还可以更完善一些。四是靠文明保护，要不断通过文字和宣传，提高广大群众爱护文物的自觉性。高部长在讲话中，还肯定了研究院在文物研究方面的成绩，肯定了甘肃省扩建研究院的决定。

两地建设，资金是个大问题。文化部为了支持敦煌事业，决定挤出五百万元，作为建院的基建费用，剩下的费用还需要省里解决。高部长也讲到加强经营管理问题，指出要懂得向管理要效益，向管理要生机。要开辟多种生财之道，一方面要增收，一方面要节支。门票可以合理地涨一涨，但免票问题要严格掌控，免票多了，收入就减少了。此外还可以搞点以文补文的服务，以文物养文物。文物要与旅游挂钩，文物要充分发挥它的社会效益，但要有利于文物保护和文物事业的发展，像"文物修，宗教占，文物赔钱旅游赚"这种情况是不合适的。

关于接受外国友好人士和港澳同胞捐助问题，高部长说："我同意段院长昨天讲的两条：一是不能损害国家主权和祖国荣誉，二是不能借机牟私利。我再加上一条，就是捐赠的钱要用到文物保护和文物科研、文物管理上。只要坚持这三条，就可以接受捐赠。对外合作出书应该是既进行了宣传，又有收益，要经过科学论证。在经营管理上，你们可以到雍和宫去学习一下。这是万里同志的意见，这次来解决的三个问题——文物保护的办法、购买设备的费用和建院的部分费用，都是万里同志关心的，应当写个材料向万里同志汇报。敦煌文物事业需要后继有人，需要各方面的人才，要改善他们的工作条件和生活条件。这次建院也是一个主要措施。对于在这里工作了几十年有成就的人员要给予表彰和奖励。"

9月2日，父亲陪同高部长一行去参观榆林窟，并为他们作了讲解。告别之际，高部长又叮嘱了许多，父亲表态请领导放心，一定抓紧落实，把工作做好。

中央政治局常委李瑞环和国务委员李铁映当时分管全国文物工作，对敦煌也很关心和重视。1992年4月，父亲应邀到美国讲学，4月下旬，父亲从洛杉矶登机回国。国家文物局局长张德勤通知他，要他直接飞往西安参加5月6—9日在西安举行的全国文物工作会议。

到西安报到后，父亲见到了前来参加会议的甘肃省副省长陈绮玲和省文化厅副厅长马文治。这是新中国成立以来规模空前的一次盛会，全国各地有300多人参会。李铁映同志在开幕式上发表了重要讲话，张德勤局长作了工作报告。在历时5天的会议期间，各地代表们共商文物工作大计，对李铁映同志和张局长的讲话进行了热烈讨论。5月8日，李瑞环同志在听取了十几位文物主管同志和专家学者的发言后，就改革开放形势下如何做好文物工作，特别是保护和抢救文物问题作了指示。

5月11日，父亲陪同李瑞环、张德勤等领导同志乘专机到达敦煌，省委书记顾金池、省长贾志杰等到机场迎接。在敦煌宾馆稍事休息、用完午餐后，李瑞环等领导驱车夫西千佛洞视察，父亲已事先让院党委副书记刘镖、副院长樊锦诗在西千佛洞迎候。父亲陪同领导参观了现存的16个洞窟，详细介绍了这些洞窟的内容，并汇报了西千佛洞的加固工作。张德勤局长向李瑞环同志介绍说："在全国的石窟中，敦煌在保护和管理上都是很好的。"

5月12日上午，李瑞环、张德勤、顾金池、贾志杰等领导同志到莫高窟视察，由父亲和刘镖、樊锦诗陪同。李瑞环仔细观看了壁画修复室及保护实验室里的X射线仪等设备，以及敦煌研究院与美国盖蒂文物保护研究所、日本东京文化财研究所合作开展科研项目的有关设备，其间不断询问这些设备的性能和用途。在观看了仪器设备和石窟档案资料，并听取了保护研究工作汇报后，父亲和副院长樊锦诗陪同李瑞环等领导依次参观了220、158、159、130、112、249、254、285、61、45、323、17、465共13个洞窟。

在参观洞窟壁画彩塑时，李瑞环同志看得很仔细，对壁画、彩塑的病害情况很注意，指着壁画脱落处的边缘对父亲说："你们的抢救任务还很重。"在参观249、254窟时，指着窟前木栈道说："这些很快会塌的，要赶快抢修加固。"路过保卫处时，还视察了莫高窟技术防范系统的微波声控报警监控室。

参观之后，李瑞环在院办公楼阅览室大厅接见了副研究员和副处级以上人员，还发表了即席讲话："你们在非常艰苦的生活条件和工作环境中，从事这样一项非常重要又非常有意义的工作，我们看了以后，对你们都有一种由衷的崇敬心情。今天和大家见面，首先是向大家表示亲切的慰问和崇高的敬意。"接着李瑞环同志对我国的文物现状作了客观评价。他说："中国文物在中国和世界的历史中占着非常重要的地位，但中国在文物工作中还有许多实际问题解决得不够及时，面临着一个非常迫切的文物保护和文物抢救的问题。如果文物被毁掉了，就不可能再生。我们现在予以重视，采取紧急措施，就可以把祖国的珍贵文物保存下来，如果大意就会悔之晚矣。对文物保护这件事，中央非常重视，常委们开会讨论文物的问题，不下五六次，提出了一个文物要以保护为主、抢救第一的方针。在工作中要把抢救放在第一位，这样才能谈得上研究和利用。中央在原来文物经费的基础上，又增拨一笔专款，用于文物的抢救。今天到敦煌看了壁画和彩塑，我感到更为急迫，感到你们的任务还非常繁重。我们来看一看，目的是引起各方面的重视，通过各方面的努力，把发展搞好。对莫高窟的抢救与维修要求可能会更为严格一些，有的还要做相当长的科研。比如洞窟究竟要安装什么样的灯比较好，洞窟的开放范围究竟放多大，是不是要有所限制。有些洞窟也可以暂时不开，人进去多了，对文物保护不利。工作再忙，都不能把文物保护这件事丢了，如果从我们手里把国宝给毁掉了，这历史的罪名谁也担负不起，对历史和子孙后代、对全世界都无法交代。要在全民中特别是青少年中全面营造一种'以保护文物为荣、破坏文物为耻，人人爱护文物、保护文物'的新风尚、新局面，这对人民群众的精神文明建设和品德教育都有很大好处。"

李瑞环同志讲完话后，张德勤局长也作了指示："希望敦煌研究院老中青三代人，把以莫高窟为主题的这一份文化遗产保护好、研究好，同时也把开放和弘扬工作做好。今后对敦煌的工作，只要是需要我们局里做的事情，保证提高效率，不讲任何空话。该我们干的事情，我们坚决地干，能提前的，决不推后。"甘肃省委书记顾金池、省长贾志杰也相继讲话，勉励大家一定要落实好李瑞环同志和张德勤局长的讲话精神，把敦煌研究院的工作搞好，把文物保护好、抢救好。

1992年夏秋之际，江泽民总书记在省委书记顾金池、省长贾志杰等的陪同下，到莫高窟视察。父亲到机场迎接，陪他们一起参观莫高窟。在观看洞窟壁画彩塑时，由父亲给领导们讲解，总书记看得很仔细，不时提出一些问题，父亲都作了回答。总书记对石窟保护工作也很关心，在洞窟外的栈道上行走时，看着石窟崖体和周围的环境，询问了石窟崖体加固和窟内文物保护的情况。父亲把改革前后敦煌石窟的保护工作进展情况作了汇报，总书记点头表示肯定。看到窟前那些高大的树木，总书记问："这些树木生长有多长时间了？"父亲回答："有些已经百年以上了，有一部分是我院职工在20世纪50年代种植的。有些老朽的树木，我们作了更新。"总书记说："绿化工作很重要，多种些树，对保护石窟有好处。"父亲说："我们正在开展生物防沙工作，利用戈壁地区的野生植物，阻止流沙对莫高窟的侵害。还计划根据此地环境情况，加强植树造林的工作。"总书记表示赞同，指示一定要把古代文化艺术遗产保护好、利用好。在九层楼前，父亲把事先准备好的《敦煌》画册赠送给总书记，总书记很高兴地翻看了画册，并在贵宾签名簿上题名留念。临别时，总书记还与院里的院所负责人和资深研究人员合影。

在整个20世纪八九十年代，到敦煌视察的国家领导人还有很多。国务院副总理方毅到敦煌来过两次，1978年来过一次，1982年又在陈光毅省长陪同下前来视察。父亲陪他们参观洞窟后，又陪他们到研究院资料室和陈列馆观看院藏文物。方毅同志擅长书法，对藏经洞书法非常关注，指出敦煌文献中的书法也有很高水平，也应进行研究。父亲请方毅同志题字留念，他欣然命笔，为研究院留下珍贵墨宝。

全国政协副主席赵朴初又是中国佛教协会主席，有深厚的佛学修养。父亲陪同他参观了洞窟之后，在九层楼大佛殿前作了一番交谈，他对父亲说："敦煌莫高窟保护得这么好，不光是中国文化艺术界的幸事，也是佛教界的幸事。"

中央和各级领导的到访和考察，使长期坚守在大漠深处保护敦煌石窟文物的父亲和他的同事们，感受到了党和政府对中华民族文化艺术瑰宝的重视及对坚守者们的深切关怀与大力支持。

沐浴着改革开放的春风，国内观众和国外游客逐渐增多，父亲在20世纪80年代初期就接待过欧美和日本的参访团，和他们进行了有关敦煌的交谈。令人感动的是，还有些单独来访的外国游客，他们不远万里，长途跋涉，只为来瞻仰莫高窟的壁画和彩塑。1985年，父亲在办公室接待了一位名叫山口节子的日本老太太。当父亲与她握手时，她激情难抑，热泪盈眶，激动地说："我终于来到敦煌了，终于来了，太高兴了！"

这位日本老太太是日本佛教中心成员，这次她专程前来瞻仰佛教圣迹，同时也是为了亲手向敦煌研究院捐赠一笔一千万日元的款项，以了却她多年的夙愿。父亲代表研究院接受了她的捐赠，向她表示了真诚的谢意，并陪同她参观了莫高窟的代表性洞窟。参观后她情真意切地说："一个人如果能实现他一生最大的愿望，那么他就获得了最大的幸福。今天，我正是这种幸福的获得者。我不懂艺术，但每进一个洞窟，我都会产生一种得到艺术享受的幸福感。正是这种感觉，使我认识到了敦煌艺术的伟大。"她还说："来敦煌是我坚定的愿望，给敦煌捐这点钱是为了表达我的心意，就像沙粒一样微小，也像沙粒一样真实。我希望在敦煌的研究和保护上尽一点微薄的力量。"

临别前夕，院里为山口节子举行了告别宴会。山口节子并不富有，捐款虽然不多，却体现了一种崇高的精神，一种对人类文明珍爱的情怀。她的友善之举令人感动，让大家感受到一位日本普通老人对和平友好的向往。

父亲主持敦煌文物研究所、敦煌研究院的工作以来，通过多种举措和努力，职工的工作条件和生活条件得到很大改善。窟区的崖体加固工程正在原来的基础上拓展进行，研究工作方面进展也比较顺利。《敦煌研究》创刊并发行，与日本合出的《中国石窟·敦煌莫高窟》五卷本和《敦煌研究文集》的编辑按计划完成。

与此同时，国内也逐渐形成了一个敦煌学研究的热潮，全国各地的学者们踊跃开展敦煌学各学科的研究。各地还相继成立了一些研究机构和学术团体，如北京大学中国中古史研究中心敦煌吐鲁番研究室、兰州大学敦煌学研究室、西北师范大学敦煌学研究所、中国社会科学院历史研究所敦煌学小组、南京大学敦煌学研究组等。有的高校和科研院所还把敦煌学的研究作为一项重要的研究内容，如杭州大学古籍研究所、武汉大学魏晋南北朝隋唐史研究室、国家文物局古文献研究室、厦门大学历史研究所、首都师范大学历史系、甘肃省社科院文学研究所等。

不过这时也传出"敦煌在中国，研究在外国"的说法。父亲认为敦煌学研究一度落后于国外的现象是客观存在的，我们要承认并面对问题。父亲认为最好的办法就是奋起直追，抓住改革开放的大好机遇，努力推动和开展我们自己的敦煌学研究，并且要以我们扎扎实实，有深度、高度和广度的丰硕成果，融入国际敦煌学研究的先进行列中。父亲觉得作为一个莫高窟人，有责任和全院研究人员一起，团结全国各地的学者，携手并进，把敦煌研究事业搞上去，否则对不起创造了敦煌文化艺术瑰宝的先贤，对不起祖国和人民，也对不起海内外关注和热爱敦煌文化艺术遗产的朋友们。

第五章
邀结群学 扬葩振藻谱新篇

　　"必须扭转'敦煌在中国，研究在外国'的被动局面，要齐心协力，埋头苦干，奋起直追，以丰硕和优异的成果融入国际敦煌学的发展进程，为世界文明进步发挥中国文化的作用。"

经过20世纪80年代初期的努力，敦煌学术研究工作积极开展起来。中日合作的《中国石窟·敦煌莫高窟》五卷本的编撰开局良好，并从1982年开始陆续出版。敦煌文物研究所编辑的《敦煌研究文集》也顺利出版。父亲倡导创办的《敦煌研究》经过试刊后，于1983年正式创刊，父亲为创刊号写了《创刊弁言》和《略论莫高窟第209窟壁画内容和艺术》。《敦煌研究》发表了院内外敦煌学者的许多优质论文。与此同时，全国各地的学者们也都踊跃展开了对敦煌学各领域的研究工作，奉献出一批高质量的研究成果。父亲认为国内已逐渐形成了一个敦煌学研究的热潮，应该有一个阶段性的总结，作为我国敦煌学研究团结协作、促进发展的动力。

1980年秋季，在制订研究所十年发展规划时，父亲就根据国内外敦煌研究的形势和研究所工作的进展情况，提出了1983年在敦煌莫高窟举行国内第一次敦煌学术讨论会的设想。1981年，邓小平同志视察莫高窟，在其鼓励和肯定下，父亲认为应当抓紧筹备国内第一次敦煌学术讨论会。经所务会议研究讨论，于8月18日撰写完成了关于在1983年召开"中国第一次全国性敦煌学术讨论会"的报告，呈报给甘肃省文化厅，并抄报给国家文物局和甘肃省委宣传部。1981年11月18日，国家文物局给甘肃省文化厅的同意批文就下发了，并抄送敦煌文物研究所。就此，在父亲主持下，敦煌文物研究所成立了全国学术会议筹备组，进行了一系列准备工作。

1982年3月，经甘肃省文化厅批准，敦煌文物研究所向国内包括港澳台的80多位专家学者发去了请他们撰写论文、参加学术会议的邀请函。不几天，这些专家学者如季羡林、常任侠、任继愈、任二北、姜亮夫、李浴等均欣然同意撰写论文并参加会议。84岁高龄的任二北先生回信说："这次会议是继承和发扬我国民族文化并为国家为民族争光的大事。对敦煌深入研究，凡我知识分子应奋勇担当，当仁不让。"北京大学阴法鲁先生说："敦煌学应当在它的故乡不断地开花结果，研究的重心应在我国。"抗日战争时期曾在莫高窟从事过敦煌壁画临摹和研究的画家潘絜兹复信说："敦煌曾以艺术的乳汁哺养了我，特别是在那艰苦的岁月中，给我留下了许多难以忘怀的记忆。40年过去了，同志们还惦记着我这个退伍的老兵，我当再鼓余勇，作一番努力，争取参加这新中国成立以来的第一次敦煌学术会议。"东北师范大学杨公骥先生因病不能赴会，在病榻上嘱咐助手复信："祝愿学术讨论会成功，为发展祖国的敦煌学做出光辉的贡献。"上海音乐学院叶栋先生一次报来两个论文题目，香港学者饶宗颐先生托季羡林先生转来他为参加这次会议撰写的论文。

召开首次全国敦煌学术会议的消息，在国内学术界引起了强烈的反响，不少学者通过写信、寄论文、找专家推荐等多种方式表示对会议的支持。根据这种情况，敦煌文物研究所征得上级同意，把出席会议的专业人员名额增加到120人，加上研究所已有论文参加会议的20余人，共计140余人。敦煌文物研究所经反复研究后，向这140多位专家学者发出了出席会议的邀请函。其中有中国社会科学院、中国艺术研究院、北京大学、武汉大学等科研院所以及高校的学者教授，有中国历史博物馆、新疆博物馆、甘肃博物馆以及全国各大石窟单位的文物工作者，还有陕西和甘肃歌舞团的文艺工作者。已经收到的70多个论文题目，按内容和性质分为石窟艺术、敦煌文献、史地、考古、宗教、语言文学、音乐舞蹈七大类，以便按类别组织小组讨论，并计划在会议中做好论文的收集，同时对接待与会代表参观敦煌石窟的有关事宜也进行了安排。

在筹备学术讨论会的过程中，大约在1982年，北京教育界季羡林等一些学者提出成立有关"敦煌吐鲁番学会"的倡议，并向教育部打了报告。教育部请示了中宣部，中宣部批示同意成立"中国敦煌吐鲁番学会"，并要求教育部与甘肃、新疆、西藏的党政领导部门协商，将此事办妥。

为此，教育部成立了学会筹备会议秘书组，具体负责筹备工作。随后，他们开了一次筹备会议，当时父亲正在国外考察访问，未能参加。1983年5月，父亲参加了第二次筹备会议，会议确定了几件事：根据文化部和甘肃省委有关领导同志的建议，一致同意将敦煌文物研究所原定于1983年9月10日召开的全国敦煌学术讨论会与中国敦煌吐鲁番学会成立大会合并举行，这样既有利于团结协作，丰富会议内容，又可以节约人力物力。会议在兰州举行，时间改为8月15—20日，邀请代表160名左右，由学会筹备会议秘书组发出倡议和邀请书。敦煌学术会议邀请的学者名额不变，原定的开会时间按新的要求变更，由敦煌文物研究所通知，商定会议的名称为"中国敦煌吐鲁番学会成立大会、1983年全国敦煌学术讨论会"。为了这次会议的顺利进行，父亲和敦煌文物研究所全体职工都倾注了全力，使会议的各项工作准备充分，有序进行。

1983年8月15日上午，"中国敦煌吐鲁番学会成立大会、1983年全国敦煌学术讨论会"在兰州宁卧庄招待所礼堂隆重开幕。来自全国22个省、市、自治区和港澳地区的200多名学者、新闻工作者参加了大会，包括汉、满、藏、维、回等多个民族，其中有成就卓著的前辈专家，也有锐意精进的中青年学者，还有参加兰州大学敦煌学讲习班的西北五省区近50名学员。不少在兰州从事历史、文物、文艺等工作者也列席了大会。

父亲在大会上作了《五十年来我国敦煌石窟艺术研究情

况》专题报告，报告回顾了20世纪40年代初期，向达、阎文儒、谢稚柳、何正璜等学者，张大千、吴作人、关山月、黎雄才、王子云等美术家所进行的敦煌石窟内容调查和壁画临摹展览工作，以及宗白华、傅正伦、贺昌群等对壁画临本的介绍评论工作；讲述了1944年敦煌艺术研究所成立，常书鸿所长和一批自愿到敦煌进行石窟艺术研究临摹的美术家、美术史论家，如史岩、李浴、董希文、潘絜兹、苏莹辉、周绍淼、孙儒僩、欧阳琳、霍熙亮、史苇湘、李承仙以及父亲等，继张大千之后开展的临摹研究工作，以及新中国成立前七年的工作情况；陈述了1949年新中国成立后，敦煌文物研究所在中国共产党和人民政府领导下，在石窟保护、勘察、整理、临摹研究和展览介绍方面所做的努力，以及梁思成、周一良、宿白、常任侠、阴法鲁、洪毅然、王逊、金维诺、赖少其、孙作云等学者艺术家所做的研究工作；肯定了多年来在保护、研究、临摹、宣传、介绍敦煌石窟艺术方面所取得的成绩；介绍了党的十一届三中全会以来，党中央采取一系列拨乱反正措施，落实知识分子政策，在党的"百花齐放、百家争鸣"的方针指引下，敦煌学的学术研究在全国范围内蓬勃发展起来，进入了一个崭新的时期。学者和艺术家们意气风发，进行了多方面科目和课题的研究。借鉴敦煌艺术技法，古为今用、推陈出新方面的研究热潮正在涌现。甘肃省歌舞团创作的舞剧《丝路花雨》、人民大会堂甘肃厅的四幅大型壁画，在借鉴吸收敦煌石窟艺术方面都取得了成功。在对外展出、中外学术交流、研究出版等方面也取得了一定成绩。

父亲在报告中也指出了石窟研究中存在的不足，在开展研究工作中遇到的许多困难和挑战，但在敦煌研究出现生机勃勃新局面的今天，全国各地的敦煌学研究者欢聚一堂，交流学术成果，这是我国敦煌学史上的一件大事，必将推动敦煌学研究在各个领域内更加深入的发展，必将扭转"敦煌在中国，研究在外国"的落后局面。我们坚信，我国有志于敦煌学研究的学者们，只要互助合作，团结奋斗，经过不太长的时间，一定能豪迈地向世界宣告：敦煌在中国，敦煌学研究的中心也在中国。我们中华各族儿女，既是中华民族文化的创造者，也是中华民族文化的研究者和继承者。我们必将在建设社会主义精神文明、振兴中华的伟大事业中做出应有的贡献。

8月16日上午，在父亲担任执行主席的大会上，北京大学副教授张广达对欧洲敦煌吐鲁番研究的情况、兰州大学副教授齐陈骏对1981年我国十多所高校及科研单位组织的丝绸之路考察情况、新疆考古研究所副所长穆舜英对吐鲁番的考古与研究情况分别作了介绍。最后，北京大学教授季羡林以《关于开展敦煌吐鲁番研究及人才培养的初步意见》为题，就以前研究中存在的局限性、图书资料的建设、人才培养及坚持用马列主义毛泽东思想作指导思想四个问题作了讲话。他希望通过这次大会的召开，与会同志能积极行动起来，拿出有水平的科研成果，为振兴中华而奋斗。

8月16日晚，大会代表们分别就培养人才的问题进行座谈，发言非常热烈，提出了很多很好的想法和建议。8月17日下午，在宁卧庄招待所礼堂召开全体代表大会，由执行主席穆舜英主持。大会首先通过了学会章程，并一致鼓掌通过聘请李一氓、周林、饶宗颐、姜亮夫、常书鸿、孙轶青、王冶秋、吴坚、任二北、任继愈、周一良、周绍良、常任侠、王朝闻、傅正伦等著名专家学者和领导担任学会顾问，接着大会采用无记名投票方式选举产生了学会理事会成员。8月18日上午，大会举行了第一次理事会，推举季羡林为会长，唐长孺、段文杰、沙比提、黄文焕、宁可为副会长，宁可兼秘书长。副秘书长为张广达、齐陈骏、穆舜英。常务理事为金维诺、张锡厚、王永兴、沙知。会议中，中宣部部长邓力群同志发表重要讲话，对敦煌吐鲁番学会成立表示祝贺。

1983年，段文杰（左三）在莫高窟主持全国敦煌学术讨论会。

这次大会的后半部分是"1983年全国敦煌学术讨论会"。在兰州的会议结束后，全体代表移师敦煌，敦煌文物研究所热情欢迎来自全国各地的专家学者，陪同他们陆续观看了洞窟艺术和敦煌文物研究所收藏的文献资料以及研究所近年来的成果汇报展览。代表们对敦煌文物研究所近年来的工作及研究成果表示赞扬和肯定。

由于参会学者比较多，提供的论文也比较多，为了使专家学者有充分的时间发言和讨论，按研讨内容划分了敦煌石窟、敦煌遗书、丝路史地几个小组。代表们的研讨分析有论点、有依据、有切磋、有争论，学术气氛非常浓厚。这次研讨会共收到论文116篇，内容涉及历史、文物考古、语言、文学、艺术、宗教、经济、民族学、科技史等多个学科。这些论文的研究内容都比较充分，有的经过实地探查寻到新资料，在前人研究的基础上有所深入；有的在旧有的研究领域提出了新课题，阐述了新观点；有的用比较法取得了新进展；有的就过去尚未涉足的领域作了开拓性研究。

在石窟考古方面，樊锦诗、刘玉权的《敦煌莫高窟唐前期洞窟的分期》、孙修身的《刘萨河和尚事迹考》、贺世哲的《敦煌莫高窟隋代石窟与"双弘定慧"》、史苇湘的《敦煌莫高窟的〈宝雨经变〉》、杨弘的《敦煌莫高窟壁画中军事装备的研究之一——北朝壁画中的具装铠》、姚士宏的《新疆克孜尔千佛洞的阿阇世王题材壁画》、白滨的《试论敦煌藏经洞的封闭年代》以及父亲的《道教题材是如何进入佛教石窟的——莫高窟249窟窟顶壁画内容探讨》等文，均考证有据，观点明晰。

在石窟美术研究方面，谭树桐的《敦煌飞天艺术初探》、王伯敏的《莫高窟早中期壁画山水探渊》、潘絜兹的《接受敦煌艺术遗产》、李其琼的《敦煌唐代壁画技法初探》、关友惠的《莫高窟唐代图案结构分析》、欧阳琳的《敦煌图案简论》、李遇春的《试论敦煌石窟艺术和新疆石窟艺术的历史关系》等文都提出了一些角度不同的新看法。

关于敦煌遗书研究方面，李正宇的《〈吐蕃子年（公元808年）沙州百姓汜履倩等户籍手实残卷〉研究》、施萍婷的《敦煌历日研究》、王文才的《跋唐写本〈汜德达告身〉拔四镇事》、马世长的《〈敦煌星图〉的年代》、饶宗颐的《论敦煌石窟所出三唐拓》、吴震的《吐鲁番出土的"敦煌文书"》、黄永年的《敦煌写本〈常何墓碑〉和唐前期宫廷政变中的玄武门》、邓文宽的《跋敦煌写本〈百行草〉》等，也都通过一些新发现进行了新证述。

在对敦煌遗书中有关宗教卷帙的研究方面，任继愈撰写的《〈敦煌坛经〉写本跋》言简意赅，所论精到。陈增辉的《敦煌景教文献〈志玄安乐经〉》，对唐代景教的研究，有不可忽视的价值。

敦煌遗书中的藏文及其他民族文字卷本很丰富，王尧、陈践、张广达、荣新江、黄盛璋、任远、罗秉芬、秦明智等学者的论文，对研究少数民族的文字和社会情况提供了丰富的资料和深入的见解。

还有如敦煌（河西）和西域史地方面、语音及文学研究方面、音乐舞蹈史研究方面、科技史研究方面、国内外敦煌学及吐鲁番学研究的成果和进程方面，钱伯泉、陈守忠、梁尉英、陈国灿、郑学檬、黄盛璋、陈连庆、刘光华、严耀中、任德煊、周绍良、刘铭恕、张鸿勋、张锡厚、柴剑虹、项楚、张金泉、高国藩、吴肃森、颜廷亮、刘燕文、李鼎文、郑文、胡大浚、李永宁、蔡伟堂、叶栋、何昌林、牛龙菲、彭松、王克芬、刘恩伯、许琪、刘少雄、肖默、赵承泽、谭真、刘进宝、王永兴、耿升、卢善焕、穆舜英、王炳华、李征等学者都有精彩而重要的论文参会。

会后，敦煌文物研究所把1983年全国敦煌学术讨论会论文汇编成册，由甘肃人民出版社出版。父亲为论文集写了前言，题目是《我国敦煌学史的里程碑》。在前言中，父亲回顾了敦煌学近80年的历程。新中国成立后，敦煌石窟保护工作和敦煌学研究出现生机，特别是党的十一届三中全会以后，神州大地百废俱兴，欣欣向荣，敦煌学研究在全国范围内蓬勃发展。这次收到的论文分别围绕敦煌石窟、敦煌遗书和丝路史地三大类展开研究，比较全面地展示了我国敦煌学研究的新成就、新水平。《1983年全国敦煌学术讨论会文集》不仅进一步促进了我国敦煌学研究的发展，开创了我国敦煌学研究的新局面，同时也促进了国际文化交流和国际敦煌学的繁荣。父亲在文章中代表文物研究所向参加1983年全国敦煌学术讨论会、撰写论文的学者专家致以衷心的感谢，并祝大家为使我国敦煌学研究早日走在国际敦煌学研究前列不断努力，不断取得辉煌成就。

全国敦煌学术讨论会后，所里的工作按原计划全面铺开。在继《敦煌莫高窟内容总录》于1982年由文物出版社出版后，由资料室主任史苇湘、考古室主任贺世哲和万庚育、孙修身、刘玉权、欧阳琳等研究人员整理的《敦煌莫高窟供养人题记》也在加紧校勘和订正。父亲希望这本书尽快出版，从而使研究资料更加完备。为了及时开展敦煌艺术展览对外交流活动，美术室主任孙纪元和副主任关友惠，将近期洞窟临摹任务落实到人。遗书室主任施萍婷正在与新来的李正宇、汪泛舟等研究人员商量文献研究具体计划。接待部副主任蒋毅明对近两年招收的年轻接待员进行培训。父亲对接待工作很重视，他也经常对接待部的人员讲：接待工作很重要，是一个重要的对外窗口，首先要把各洞窟的内容搞清楚，还要对不同的参观对象作深入浅出的讲解。面对日益扩大的旅游事业，外语的讲解必须重视。父亲及时与所里其他领导商量，决定派出一批青年人到外地高校去学习外语，以适应形势的需要。

后来的事实证明，父亲的这一决定是有远见的，这批年轻人不仅成为精通各种语言的专业讲解员，而且成为精通敦煌石窟艺术内容的专家，在对外文化交流中做出了重要贡献。

由于文物研究所有所扩大，行政和总务方面的工作也逐渐增多。办公室主任陈明福把各项工作安排得很到位，分管的工作也处理及时、协调有方。

石窟保护工作一直是父亲考虑的重中之重，这项工作做不好，其他的一切都无从谈起。父亲多次和保护室主任孙儒僩、副主任李云鹤商议保护方面的事情，特别是石窟崖体的加固工程和洞窟内艺术文物的保护工作都要抓紧解决。当然，敦煌文物的保护工作，范围比较广，还有窟区及周围环境的防沙治沙工作、环境绿化工作以及洞窟内外的文物安全保护工作。护窟队的建立和充实完善，也都在陆续落实当中。

1983年后半年，母亲脑部的疾患日趋严重。父亲因为工作繁忙，便把母亲送到兰州由我和爱人照顾，我们带着母亲在省人民医院、兰医二院、省中医院和兰州军区总医院辗转

1981年，段文杰和夫人龙时英携孙儿在洞窟前留影。

治疗，可几经抢救也无力回天，母亲于1984年2月9日溘然长逝。全家人笼罩在悲痛之中，父亲赶到兰州和我们共同料理了母亲的后事。当时在莫高窟文物研究所的同事们，还有母亲生前教过的职工子女，怀着对母亲坎坷遭遇的同情和对逝者的敬重，自发地举行了一个隆重的追悼会，我对他们表示深深的谢意。

母亲去世后，父亲在悲痛之余，更加夜以继日地努力工作。他说：只有把工作做好了，才对得起龙时英。白天，父亲忙于处理所里的各种事务，凌晨三四点起床撰写学术论文，他的很多论文都是在这样的情况下完成的。

1984年1月，中共甘肃省委常委会议研究决定，在敦煌文物研究所的基础上，扩大编制，增加经费，筹建敦煌研究院，进一步开展敦煌学各领域的研究工作，以适应敦煌学研究蓬勃发展的新形势。省委决定由吴坚、流萤和父亲为筹建研究院的负责人。父亲得知这个消息后，心情很激动。建立一个院一级的专门研究机构，是我国几代学者、艺术家和有识之士的愿望，但没想到省委、省政府这么快就作出了决定并予以落实，这不能不说是敦煌研究事业的一大幸事。全所职工都十分珍惜这个机遇，决心抓紧时间，努力拼搏，奋起直追，尽快创造出无愧于祖国和人民的研究业绩。

1984年1月27日，在省文化厅举行第一次敦煌研究院筹备工作会议，吴坚、流萤和父亲出席了会议，省文化厅副厅长赵友贤和副所长刘鏮列席会议。经过讨论，大家在几个重要问题上达成一致意见：

第一，甘肃省委决定成立敦煌研究院，是根据近年来敦煌文物研究所工作的新起色、新成绩和发展的势头，研究所现有的规模建制、人员队伍和研究领域已不适应国内外敦煌学研究不断扩大、不断发展的新形势，而作出的适应国内外研究新热潮、有利于促进省内外敦煌学研究事业进一步发展的好决策。一定要把这项工作抓紧办好，不辜负省委、省政府和国内外各方人士对敦煌研究院的厚望。

第二，吴坚同志、流萤同志主管全省宣传、文化系统工作，牵涉面广，在筹备研究院的同时还要顾及其他方面的工作，所以希望父亲在抓好所里各项工作的同时，将主要精力放在建院上。赵友贤副厅长、刘镍副所长也要多花些时间参与建院工作。要尽快在兰州找几间房子，搞设计，跑基建，找地皮，要经费，搞设备。吴坚同志说，省政府陈光毅、侯宗宾、葛士英等领导也很支持，筹建工作要扎扎实实抓紧搞。筹建阶段，研究所的各项工作不能停顿，要抓好"提高研究，加强保护，改进接待"几个方面的工作。还要办好《敦煌研究》专刊，编好书籍画册。所里原定于1986年召开"国际敦煌学研讨会"，要继续按计划筹备，这次会议可用"敦煌研究院"的名义筹办。

第三，关于敦煌研究院的领导体制问题，省委提出要双重领导，要派人去向文化部汇报。双重领导即由文化部和省里共同领导，以省为主，归口到省文化厅管理。成立敦煌研究院的报告，要有近期和长远规划，要尽快写出来，便于文化部、省和各方面了解情况。

第四，兰州建院是为了聚集人才，扩大研究领域，但敦煌是根本，是保护重点，是研究基地。有的部门可设在兰州院部，有的则只能坚守在敦煌，不能迁兰。如接待部门、保卫部门、美术研究、摄录部门、保护研究、考古研究等。工作岗位设在兰州的人员，每年也应有一段时间到敦煌工作。资料要搞两套，敦煌一套，兰州一套，资料内容要全面、完整。

第五，研究院进人把关要严，各类专业人员要认真考察，既要有真才实学，又要坚持四项基本原则，把德才兼备、愿意为敦煌事业吃苦出力的人调进来。宁缺毋滥，进人要集体讨论。尽快制定出研究院的机构岗位设置和人员编制方案，并报请省里审批。

最后一致同意，根据工作进展情况，随时召开筹备组会议研究问题。

父亲回到莫高窟后，立即召开了所务会议，就建院的有关事项与大家进行了讨论和研究，确定参加筹建处的人员，拟定了《敦煌研究院人员编制草案》和《敦煌研究院兰州院部基建初步预算》等需尽快报批的文件。还对拟将设置的石窟保护研究所、美术研究所、历史考古研究所、遗书研究所、音乐舞蹈研究室、学术委员会、资料中心、摄录部、接待部等各部门的主要职责、工作内容和主要任务进行了划分。提出了"保护、研究、弘扬"的工作方针，并制订了全院近期和远期的工作规划：（一）近期（1984—1989年）：编撰《敦煌石窟专集》；敦煌遗书资料整理和研究；敦煌石窟专题研究；敦煌艺术推陈出新研究；举办国际性敦煌学术讨论会。（二）远期（1990年以后）：编撰《敦煌石窟全集》；逐步将《敦煌研究》发展为全国性专业学刊；开展内外石窟艺术比较；敦煌遗书分类、综合和深层研究；敦煌艺术推陈出新；出版国内外敦煌遗书和敦煌艺术文集；积极展开敦煌学国际交流；运用现代科学技术治理文物病害，确保文物安全，开展国际科学保护文物经验交流和技术合作。

正当全所职工团结协作，为所里制订的十年规划近期任务而努力奋斗、加紧工作的时候，有人向中央写信诬告文物研究所领导班子是"三种人"掌权。中央很重视，批示成立一个由中央四个部、中指委和甘肃省委共同组成的调查组，由甘肃省委副书记刘冰同志牵头，到敦煌文物研究所进行了40天的调查，加上在兰州的工作时间，前后长达两个月。调查组秉承实事求是的原则，形成了几万字的调查材料。省委听取了调查组的汇报，经过认真讨论，向中央写了报告。中央组织部的意见与省委给中央报告中的意见完全一致。

调查结论是省委副书记刘冰带领调查组来研究所宣布的："经过调查，省委认为敦煌文物研究所现任领导班子，包括科室以上的干部在内，不存在'三种人'掌权的问题。所领导班子对十一届三中全会以来党的路线、方针、政策是拥护的，贯彻是积极的，工作是有成绩的，应该说这个班子是比较好的班子。希望大家支持这个班子，在这个班子的领导下，团结一致，努力工作。所里反映出来的矛盾的性质，显然是人民内部矛盾。反映出来的问题不是路线之争，也不是政治观点之争，而是同志之间在一些具体问题上的争论。对于这样的问题只能采取团结—批评—团结的方法去解决。要坚持团结，双方就要多做自我批评，不纠缠历史旧账，把我们的精力集中到开创敦煌学研究的新局面上来。"

关于研究所今后的工作，刘书记说："现在全省、全国形势这么好，我们研究所的形势怎么样？我看也很好。你们现在有130多名职工了，在研究上出了很多成果，取得了很大的成绩。现在全世界都很关注敦煌，敦煌学在国际上影响很大。当然我们的研究工作还有差距，我们要努力创造条件，迎接国际敦煌学术讨论会在这里召开。省委对这一工作很重视，不光敦煌学事业要繁荣起来，而且敦煌县也要繁荣起来。这里将会成为祖国大西北戈壁滩上的一颗明珠，一个具有代表性的城市。希望同志们安心工作，为我国的敦煌学研究事业做出更大的成绩。"

1984年8月，敦煌研究院正式成立。父亲被任命为敦煌研究院院长，吴坚为首席顾问，常书鸿为名誉院长，樊锦诗、赵友贤为副院长，刘鍱为副书记。院委会立即进行研究，组建院辖各部门机构，规定各部门职责，任命各部门负责人。一批资深专家和优秀中青年人才被安排到各专业所、部、处、室担任领导。为了加强石窟文物的安全保卫工作,特别设立了保卫科。针对旅游业的兴起,设立了服务部。这时莫高窟新区的科研大楼和职工宿舍也已修建完工,职工的工作条件和生活条件得到了改善。

在全院大会上,父亲充满信心地说:"敦煌研究院的成立,标志着敦煌的研究和保护工作进入了一个新的阶段。我们要以务实的态度来对待工作,各部门都要尽职尽责地把本职工作搞好。现在生活条件和工作条件已有很大的改善,万事俱备只欠东风。东风就是我们的工作成绩,我们的学术成果和艺术成果。我们要把'敦煌在中国,研究在外国'的言论看成特殊的鞭策,特殊的动力。我相信只要我们埋头苦干,这种状况一定会改变,被动局面一定会扭转。我们要以坚实有力的步伐,迈入国际敦煌学研究的先进行列。在春风吹拂、万紫千红的花园里,敦煌学这朵鲜花将会越开越夺目。"

在1980年制订的研究所十年规划中,1983年举行的第一次全国敦煌学术讨论会已经如期进行,但1986年举行国际性的敦煌学术讨论会却遇到很多困难。建院后院内需要办理的事务很多,保护方面任务艰巨,一方面要加紧南区南段洞窟崖壁的加固工程,及时解决项目进行中的困难和问题;另一方面要充分利用香港邵逸夫先生的一千万港币捐款,将其用于洞窟文物保护工程中规划制订的各个环节的落实和开展。

国际交流方面的活动也不少,比如与日本创价学会合作,在日本东京、大阪、奈良、福冈、长野、静冈等地举行"中国敦煌"巡回展览活动及学术交流活动；应邀到日本东京艺术大学讲授敦煌石窟艺术；父亲和樊锦诗副院长应邀参加由香港中华文化中心和香港大学中文系中国文化研究所举办的"国际敦煌吐鲁番学术会议"。

与此同时，申报中国敦煌莫高窟加入联合国教科文组织世界文化遗产委员会世界文化遗产名录的有关工作也在积极进行中。

上报的1986年举办"敦煌国际学术讨论会"的报告，在会议名称、邀请国家和会议名额等问题上，有关部门经反复磋商和讨论，批文下达时，1986年举行会议已经来不及了。经上级同意，会议时间推迟到1987年9月。为了加快筹备工作，院委会研究成立了会议筹备组，樊锦诗任组长，马正乾、李永宁任副组长，成员有陶锐、梁蔚英、薛东宏、谢生保等。大家争分夺秒，认真细致地做好了学术论文审定、会务安排、接待落实、后勤保障等工作，确保了会议准备工作衔接紧密，完善妥帖。

国务院副总理万里同志以及中宣部、文化部、国家文物局和甘肃省委对这次会议很重视，多次询问会议筹备情况。省政府、省委宣传部、省文化厅领导多次听取汇报，并召集民航、铁路等有关部门负责同志参加协调会议，解决了许多实际问题。

1987年9月20日，会议正式召开。当天晚上在莫高窟举行了"敦煌石窟研究国际讨论会"开幕式和欢迎宴会，中外学者齐聚一堂，共庆学界盛会。中央政治局委员胡乔木发来贺电，李子奇、吴坚在开幕式上讲话，父亲代表敦煌研究院致开幕词。接下来几天，代表们分别在石窟艺术和石窟考古两个分会场举行学术报告，开展研讨。应邀参加这次学术讨论会的包括来自中国、英国、法国、日本、加拿大、美国、新加坡、印度等国的近70位专家学者。除父亲外，有李文生、关友惠、郎绍君、姜伯勤、王伯敏、郑汝中、洪毅然、史苇湘、李浴、傅天仇、孙宜生、谭树桐、刘玉权、金维诺、马德、潘玉闪、张宝玺、樊锦诗、董玉祥、贾应逸、万庚育、孙修身、李永宁、蔡伟堂、张学荣、何静珍、王静芬、马世长、贺世哲、施萍婷、霍熙亮、杜斗城、杨渐、耿昇。中国香港的饶宗颐、高美庆。美国的马丽琳·爱姆·丽艾、李铸晋。法国的雅克·吉埃、莫尼卡·玛雅尔、热拉·贝扎尔、露丝特·布尔努瓦。联邦德国的雷德厚、艾伯特、弥维礼。加拿大的冉云华。印度的谭中。英国的韦陀。新加坡的古正美。日本的吉村怜、秋山光和、平山郁夫、藤枝晃、樋口隆康、肥塚隆、百桥明穗、须藤弘敏、水野敬三郎、杉下龙一郎、福田爽人、田渊俊夫、益子义弘、田口荣一、长泽市郎、浅井和春、松本和夫、伊藤和幸。

会议期间，一向关心敦煌文物事业的日本著名画家、东京艺术大学教授平山郁夫，就敦煌文物的保护工作发表了专题演讲。

学术会议由父亲和院学术委员会秘书长李永宁总负责。

1987年，段文杰在莫高窟主持敦煌石窟研究国际讨论会。

在父亲主持的开幕式上，敦煌研究院首席顾问吴坚、名誉院长常书鸿先后讲话。讨论会分石窟艺术组和石窟考古组两个专题进行，石窟艺术组由父亲和史苇湘负责，石窟考古组由饶宗颐、樊锦诗、李永宁负责。

这次学术讨论会取得了五个方面的成就：一、石窟考古的新成果。讨论了莫高窟崖面和石窟原貌及塌毁改修问题，考证确定了唐宋时代一些有名号的窟龛，划分出一批回鹘时代的洞窟，对唐代前期洞窟进行了考古分期论证，探讨了印度石窟、巴米扬石窟与中国石窟之间的传变关系。二、壁画内容考证的新成果。考证确认了"梵网经变"，对主要经变"弥勒经变""金光明经变""观无量寿经变""报恩经变"及其他内容如瑞像图、天宫伎乐等进行了调查研究。特别对密宗图像弥勒进行了多方面探讨，对壁画中乐器、家具等也有专题性的研究成果。三、敦煌绢画研究的新成果。对藏经洞出土的绢画，从时代、内容、色彩、艺术水平诸方面进行了研究，为进一步研究绢画与壁画的关系等提供了许多新资料。四、敦煌壁画、彩塑的艺术风格研究的新成果。探讨了敦煌壁画和彩塑的时代风格特征，比较研究了佛教故事画和儒家故事画的风格异同，探讨了敦煌艺术风格演变及其与社会、宗教发展的关系。提供了印度风格、西域风格、敦煌风格、南朝风格的特征及其相互交流的影响。五、敦煌艺术美学探讨的新成果。对敦煌佛教艺术中的儒家美学思想进行了分析、比较和研究，对敦煌壁画彩塑从意象艺术学的角度作了试探，也提出了莫高窟环境美学之说，对敦煌艺术美产生的社会基础进行了探讨，特别是对人的异化、神的世俗化作了历史研究。

会议期间，敦煌研究院还举办了图书展销活动，展出了国立敦煌艺术研究所—敦煌文物研究所—敦煌研究院40年来的出版物40余种，并组织销售了一批近年出版的书刊画册，主要有中日合出的五卷本《中国石窟·敦煌莫高窟》，《中国美术全集》中的《敦煌壁画》上下卷以及《敦煌莫高窟供养人题记》《莫高窟窟前殿堂遗址》《1983年全国敦煌学术讨论会文集》《敦煌艺术小丛书》《敦煌研究》等，受到与会中外学者的关注和好评。

在这次学术交流中，专家学者不分中外，各抒己见，百家争鸣，讨论热烈，气氛融洽。对此，各国学者给予主办方高度评价。学术讨论分组进行，会议主持人由各国著名学者轮流担任，每个与会者都是平等的，都是会议的主人。学者们高兴地说，这次学术讨论会，是名副其实研究学问的会，讨论问题既严肃认真，又和谐自如。

父亲在闭幕式上作了学术讨论会的总结性发言，他在总结时说："这次学术讨论会在莫高窟讨论莫高窟的问题，是史无前例的，意义深远的。这次学术讨论会表明我国敦煌学正在腾飞，也表明敦煌学的国际性，正随着人们对敦煌文化、艺术的认识而不断深入、逐步扩大。去年韩国有50名学者成立了敦煌学研究会，美国一些东方美术史的专家也转向对敦煌艺术的研究。敦煌学必将在国际文化交流合作中不断发展。这次在敦煌莫高窟举行的'敦煌石窟研究国际讨论会'，仅仅是一个开端，国际讨论会今后将不断地举行，我们希望未来有更多国家和地区的学者们参加学术讨论，展现新的科研成果。"

继1987年"敦煌石窟研究国际讨论会"之后，为纪念我国考古学史上的伟大发现——藏经洞发现90周年，暨甘肃省"纪念丝绸之路2100年"，由敦煌研究院举办的"1990敦煌学国际学术讨论会"，于1990年10月8—14日，在敦煌研究院举行，此次会议规模之大是空前的。到会的中外学者专家共207人，10月7日在敦煌宾馆举行了开幕式，甘肃省文化厅、敦煌市的领导到会祝贺并讲话，对中外学者表示热烈欢迎。

参加此次学术会议的有日本、美国、加拿大、英国、德国、印度、新加坡、瑞士、马来西亚等国学者。原定参加会议的还有韩国、匈牙利、法国等国家的学者十余人，他们因故未能到会，但都提交了论文。香港著名学者饶宗颐先生临时因故来不了，也于会前将论文寄来，在会上宣读。学术讨论会共收到论文128篇，这是80年来敦煌学史上的空前盛况。

10月8—11日，代表们分石窟考古组、石窟艺术组、史地·遗书·宗教组、语言·文学·民俗组四个小组进行学术交流研讨，由中外学者共同主持分组会。

为配合学术会议，敦煌研究院美术研究所举办了"榆林窟壁画临摹品展览"，资料中心组办了"敦煌研究院历年出版物展览"，编辑部组办了"敦煌学图书展览"。敦煌学前辈、

1990年，段文杰在"1990敦煌学国际学术讨论会"开幕式招待会上讲话。

九十高龄的姜亮夫先生为会议书赠祝词"敦煌宝藏是全人类的同心结"。会议闭幕式上，父亲致闭幕词，敦煌研究院名誉院长常书鸿、中国台湾学者潘重规、甘肃省文化厅副厅长马文治、敦煌市长张志刚以及日本学者藤枝晃、印度学者瓦兹娅分别讲话。

此次学术讨论会的论文由敦煌研究院选编为《1990年敦煌学国际研讨会文集》，分为《石窟考古编》《石窟艺术编》《石窟史地、语文编》三册正式出版。父亲为讨论会文集撰写了综述，对此次研讨会的意义、研究成果进行了较全面的总结。

应该说这次学术讨论会取得了丰硕成果，是敦煌学研究的一次盛大的学术交流。四个大组和小组会均由中外学者共同主持，充分体现国际合作精神。学者各抒己见，畅所欲言，有的发表了针锋相对的不同看法，充分体现了"百花齐放、百家争鸣"的学术精神。在大会讨论中，印度艺术家、甘地民族艺术中心秘书长瓦兹娅女士，听到讨论中无论是壁画内容，还是音乐舞蹈，都与印度文化有交流关系，非常高兴。她在简短的发言中说，"佛教艺术起源于印度，后来不断向外传播，但传到一个地方便与当地文化相结合，出现新的风格，展示出不同的民族特色"，瓦兹娅女士的精辟见解，受到中外学者的热烈赞赏。这次国际学术讨论会，增进了我国与各国学者的友谊，促进了各国人民的友好往来和文化交流。

1993年10月3—8日，由敦煌研究院、美国盖蒂文物保护研究所和中国文物研究所联合举办的"丝绸之路古遗址保护国际学术会议"在莫高窟召开。来自世界19个国家和地区的上百位学者出席会议，大会收到上百篇论文。其中57篇在会上作了宣讲。这次会议不仅在国内，在国际上也是一次高水平的古遗址保护大型学术会议。

父亲在开幕词中首先代表敦煌研究院对各位领导、各国专家、中外来宾的光临表示热烈欢迎。他说："万里丝路上留下了大量古代文化遗址，莫高窟便是其中规模巨大、内容最丰富的一处，到今天它已经保存了1627年了。在过去的时代里，寺院僧侣是它们的保护者，目的是为了宗教信仰。20世纪初，敦煌文物被劫掠，在我国学者强烈的呼吁声中，莫高窟才被置于国家的直接保护之下，成立了国立敦煌艺术研究所。通过采取'寓保护于研究'的办法，莫高窟的艺术宝藏才得到保护。自1943年筹备、1944年初成立国立敦煌艺术研究所至今已整整50年了，保护工作可分为三个阶段。一、看守阶段。新中国成立前七年中，由于经济、物力和科技人才的缺乏，只能做到人力看守，防止人为的破坏和盗劫。二、石窟崖体加固阶段。新中国成立后，莫高窟得到妥善保护，中央文化部领导率领专家团考察莫高窟，制订了石窟全面加固计划。周总理拨款一百万元，工程队施工三年，完成了主要窟区加固工程，使石窟艺术的载体有了安全保障。三、科学保护阶段。改革开放这十余年中，在自力更生、国内合作、国际合作的方针之下，各种保护措施，诸如人力保护、设施保护、科学保护、法律保护等都用上了。特别是通过国际合作，石窟文物的环境监测、治沙试验、病害研究、文物修复、科学管理工作都取得了显著的成绩。一个美国文物保护专家考察团到敦煌考察莫高窟之后，临走时在宴会上说：'我们走遍了大半个世界，像这样大规模的文物，保护得最好的，只有莫高窟。'这份荣誉有国际合作的一份功劳，为此我向与我们合作的机构和专家，致以衷心的感谢。莫高窟是我国的国宝，也是世界文化遗产，它规模巨大，环境复杂，石窟内的文物病害很多，受损严重，需要高科技治理。希望我们的合作不断深化和扩大，使这一举世瞩目的珍贵文化遗产得到妥善的保护，为世界人民做出贡献。"

在我国文物保护领域，这么规模宏大的保护科学学术会议还是第一次，特别是在敦煌莫高窟召开，对敦煌研究院的保护研究人员来说是一次莫大的鼓励，也是敦煌文物保护工作更进一步发展的新起点。

1994年8月3日，由甘肃省政府主持，隆重纪念敦煌研究院建院50周年的大会在兰州召开。国家文物局副局长马自树，以及阎海旺、卢克俭、陈绮玲等省领导及各界人士500余人出席了大会。日本创价学会副会长三津木俊幸代表池田大作会长专程到兰州参加会议表示祝贺。父亲在大会上作了《敦煌研究院五十年》的报告，全面总结了50年来敦煌研究院走过的道路以及取得的成就。会上省政府决定给予段文杰、樊锦诗、孙儒僩、贺世哲、史苇湘、霍熙亮、施萍婷、李永宁、李其琼、张学荣、关友惠、欧阳琳、李云鹤、李贞伯、万庚育、刘玉权、孙修身、李振甫、马竞驰这些在莫高窟坚守工作30年以上，有重要成就的文物工作者以表彰和奖励。大会还宣读了省内外有关单位和各界人士发来的贺词贺电。

8月9日，"1994年敦煌学国际学术研讨会"在莫高窟敦煌研究院礼堂开幕，参加这次会议的有16个国家和地区的专家200余人，收到论文60余篇。学术会议长达6天，60多位学者进行了热烈的讨论和交流。这次有关石窟艺术的论文比较多，中外学者从各种不同的角度对敦煌学各领域的问题发表了充分的看法。如果说前几次敦煌学讨论会是将敦煌学引回故里，那么这一次则呈现出敦煌学在回归中走向世界的发展态势。很多老一代敦煌学者发表了自己的新成果，而一批

段文杰与参加"1994年敦煌学国际学术研讨会"全体代表合影。

年轻的中外学者也以他们的优秀成果展示了自己的实力。

与此同时，敦煌研究院在整个20世纪80年代和90年代编辑出版了《中国石窟·敦煌莫高窟》五卷本，《中国石窟·安西榆林窟》，《敦煌飞天》，《中国美术全集》中的《敦煌壁画》两卷、《敦煌彩塑》一卷，《中国壁画全集》中的《敦煌壁画》十卷，综合性图录《敦煌》一卷，《敦煌宝藏》一卷，《敦煌石窟艺术》二十二卷本以及通俗画册20余种。80年代初期创刊的《敦煌研究》已连续出版数十期，刊发了敦煌研究院及国内外学者的论文七八百篇，展现了多方面的研究成果，受到学界好评。可以说，在改革开放生机勃发的岁月里，在敦煌故里开展的、由中外学者共同参与的一系列活动，谱写了一曲曲生动有力、欣欣向荣的合唱曲，而敦煌研究院就是其中最响亮的音符。

8月21日上午，敦煌石窟文物保护研究陈列中心举行了隆重的竣工典礼。敦煌石窟文物保护研究陈列中心是1988年8月，竹下登作为日本首相访问敦煌时提出修建的援助项目。为此，日本政府无偿投资9.75亿日元，甘肃省政府和敦煌研究院也投入了配套资金250万元人民币。中心于1992年破土动工，通过中日两国建设者的努力，于1994年3月顺利竣工。

中心集保护、研究、陈列于一体，主要陈列八个原大复制洞窟和部分珍贵的敦煌出土文物，中心的建成将会缓解日益增多的游客对莫高窟的压力，同时对弘扬敦煌艺术、促进旅游事业也会起到积极的作用。父亲和龙永图、国广道彦、竹下登、张吾乐、张德勤分别在典礼上致辞。竹下登、李铁映、张吾乐、国广道彦、平山郁夫、孙平化、青木盛久和父亲一起为陈列中心的开馆剪彩。

8月21日下午，平山郁夫先生纪念幢揭幕仪式在莫高窟举行。平山郁夫先生是日本著名画家、东京艺术大学校长、日中友协会长、联合国教科文组织亚洲大使、敦煌研究院名誉研究员。他非常热爱敦煌，曾多次来敦煌考察、写生。20世纪80年代以来，平山郁夫一直致力于为敦煌研究院培养人才。1989年，平山郁夫举办个人画展，筹集了两亿日元捐赠给敦煌研究院，成为敦煌研究院的学术基金，极大地推动了敦煌研究院的学术研究、国内和国际学术交流事业。为了感谢平山郁夫先生多年来对敦煌文物保护研究事业的巨大贡献，敦煌研究院在莫高窟（大佛殿）前面的广场上为平山郁夫建立了一座纪念幢。

8月22日，李铁映同志在国家文物局局长张德勤、省委副书记杨振杰和敦煌市委书记李济民等人的陪同下，来到敦煌研究院办公楼，看望全体工作人员。在听取了父亲和副院长樊锦诗、副书记孟繁新的工作汇报后，又听了部分老中青专家学者的意见和建议，然后在全院职工大会上讲话。他说："我这次来敦煌，第一是来庆祝的，因为是你们院庆50周年，我对敦煌研究院辉煌的50年表示祝贺。第二是再次来学习的，敦煌是中国辉煌历史的一个组成部分，而且保存得这样完整，这是每一个热爱祖国的人都应该了解的，我在国务院负责这件事情，更应该认真地学习。第三就是来宣传，宣传敦煌的文化遗产，宣传你们在这里的无私奉献和长期的坚守与研究。第四是支持，你们还有什么各种各样的问题、各种各样的困难，可以提出来，我再来支持一把。"

谈到1994年初北京有几家报纸以"敦煌面临灭顶之灾"为题的不实报道，李铁映说："'敦煌面临灭顶之灾'的简报也到了我那儿，我说我去年曾去过敦煌，我不相信。只有你们是见证人，但是你们没有破坏，段老说话是有权威的。请段老写一篇文章，可以正面讲一讲研究院这几年对保护工作怎样重视，研究院所付出的努力和心血。写好以后，交给张德勤同志，在《人民日报》上发表。这既是对50周年的纪念，也体现了我们党对文物保护工作的重视，充分反映在座的所有人对敦煌艺术的保护、研究、弘扬所做出的贡献。要将这篇文章作为历史的铁证，发表在《人民日报》上。今天在座的，有中央电视台的记者，新华社的记者也有，甘肃记者也有，请你们记者也如实地调查反映一下。昨天竹下登对我讲话的时候说：'我六年前来的，现在看到敦煌保护得还是和原来一样好。'要把这个话录下来，让大家看看外国人的评论，然后也请他写一篇文章，谈谈敦煌的保护，同时这也反映了中日之间的合作、国际间的合作，然后再在报纸上发表一下，尤其在《人民日报（海外版）》上发表一下。段老写好以后，交给张德勤，然后交给我，我去做邮递员。"

李铁映同志还就敦煌研究院职称问题、职工子女就业问题、莫高窟用水问题、通信问题、门票问题、基础设施问题、设立敦煌保护研究基金会等问题发表了自己的意见。铁映同志还说："敦煌是我国丝绸之路上的一颗明珠，莫高窟就是明珠中的瑰宝，不仅属于中华民族，也属于全人类，是世界文化遗产的一个巨大宝库。敦煌所保留的从4世纪到14世纪一千余年的文化积累，博大精深，源远流长，辉煌灿烂，需要我们长期地加以保护、研究、弘扬和宣传。你们长期在这里从事保护、研究、弘扬工作，历经数十年所取得的成就，使历史的辉煌得以再现，给中国保护和保存了这么一块瑰宝，为人类保存了这么一块瑰宝。你们的工作本身就是一个辉煌，所有为中国辉煌做出贡献的人都应该被铭记于史册，都应该被给予奖励和嘉奖。要总结敦煌精神，总结敦煌文物保护的经验，在文物界加以大力宣传和弘扬。"他还指出，搞文物工作不像电影明星、体育明星那样耀眼，文物工作是要经过几十年的积累和坚守的，搞文物工作，金子般的心和奉献精神是不可缺少的品德，你们的工作功德无量，值得铭记史册。在铁映同志讲话过程中，张德勤同志也说道："一是关于'敦煌面临灭顶之灾'的报道问题。我给聂大江同志汇报了，书面材料也送了，领导机关都清楚了，但舆论还有误传，建议这次来的新闻记者把这里的客观情况报道一下。二是根据铁映同志的意见，为了表彰建院50年来的有功人员，国家文物局决定拿出30万元作为奖金，奖励工作30年以上的同志。30年以下的中青年有突出贡献的也可以奖励奖励，这是中央领导同志的一种关怀，希望这批凤凰在梧桐树上栖息和工作得更好。"最后，铁映同志为敦煌研究院建院50周年题字"辉煌"一幅，并和全体职工合影留念。

第六章
开拓进取　推动保护上新阶

　　"石窟保护是开展其他工作的前提。为了使
敦煌文物保护得更长久，延揽培养人才是科学
保护的关键，采用先进的仪器设备是提高保护
水平的手段，开创合作机制，引进先进技术，
是科学保护的有效途径。"

1946年父亲就到了莫高窟，他是敦煌石窟保护工作的亲历者和见证者。在新中国成立前七年中，先后在研究所工作的人员有30人左右，但由于世事艰难、社会动荡，大多数人都离开了，坚持到敦煌解放的只有14人（其中专业人员7人），他们都是敦煌文物研究和保护事业的开创者。新中国成立前七年的保护工作主要有三项：一是联系县政府派民工在莫高窟打了一道土围墙，防止羊牛马进入窟区。二是全所职工值班巡逻，严禁庙会期间外来人员在洞窟内住宿、做饭。三是防止各路盗宝者劫掠文物宝藏。正因为大家起到了看守性的保护作用，敦煌石窟文物才能平安过渡到新中国成立。

　　1949年9月，西北野战军司令员彭德怀发出的进军命令中有一条："解放敦煌，保护千佛洞。"9月28日敦煌解放，29日，红旗飘扬在莫高窟上。解放军团长张献奎、政委祁承德在欢迎声中宣布共产党保护文物的政策，勉励大家继续努力工作。1950年，西北大区文化部代表中央文化部接管国立敦煌艺术研究所，并将其更名为敦煌文物研究所。从此，莫高窟属中央文化部文物局直接管理，专业人员由国家统一分配，队伍不断充实扩大。至1965年，工作人员已增加到五六十人，业务逐步拓展，所辖的保护组、考古组、美术组、摄影组、接待组、行政后勤组协同配合，各项工作都取得了很大成绩。1952年，中央文化部派古建筑专家来敦煌考察，拨专款修复唐、宋窟檐，石窟保护工作得到高度重视。

1956年，文化部又拨专款抢修248—268等20多个早期洞窟，这就是莫高窟加固试点工程。1963年，周总理拨款一百万元，用于莫高窟南区包括358个洞窟在内的、崖面长达570多米的窟段加固工程，历时三年完成。这一工程使洞窟崖体有了安全保障，并使洞窟走道四通八达，便于参观考察和工作。与此同时，所内开始对石窟建立档案，每个洞窟都有内容和保护情况记录，并附有照片。在自力更生原则下，敦煌文物研究所探索出了初步的黏接破损壁画的办法，抢救了部分剥落壁画，还给重要洞窟安装了窟门，加强了保护和管理。

"文化大革命"十年浩劫期间，敦煌石窟被说成是"四旧"，是批判和破除的对象，"四人帮"说"敦煌艺术神神鬼鬼无可继承"，一些学者也片面地宣传"宗教是麻醉人民的鸦片"，是"贩毒广告"。在一片批判声中，敦煌文物研究所的工作陷于停顿近十年。但是研究所的职工都热爱民族文化遗产，热爱莫高窟，大家千方百计宣传周总理发布的"运动中要保护文物"的文告，并向红卫兵讲解文物的历史价值、艺术价值、科学价值和劳动人民的创造之功。青年学生毕竟是天真纯洁、通情达理的，他们都表示要听周总理的话，要保护文物。尽管有不少红卫兵前来敦煌，但并没有对敦煌文物造成破坏。

1980年，甘肃省委工作组对敦煌研究所的领导班子进行了调整，父亲被任命为第一副所长，主持全面工作，他感到担子重、责任大，尤其保护工作是重中之重。业务人员不足，是开展各项保护工作的短板，急需引进和补充一批新鲜血液。在保护措施方面，有些原来没有加固的洞窟区域，逐渐产生了裂隙，也需要及时进行崖体加固。窟内壁画脱落现象也在发展，以前草泥黏接地仗层壁画脱落边沿的方法效果不错，但不适用于修复高层和顶层脱落的壁画，需要采用更科学更好的文物修复办法。此外，参观者的拥挤摩擦以及气体氧化对壁画和彩塑也有不小影响，用玻璃屏障隔开参观者和壁画彩塑，是比较有效的保护办法，但缺少经费。在旅游业迅速发展的情况下，为了保护文物安全，必须建立护窟队，选拔认真负责、身体健康的年轻队员，配备警犬，昼夜巡逻，保卫石窟安全。

另外，莫高窟的保护不能只限于洞窟，还应当从莫高窟所处的周边大环境着眼。戈壁多风，鸣沙山上经常飞沙走石，沙尘从窟顶滑下，流沙聚集于窟前。过去是人力清沙，费时费力，效果还不持久，要想根治，必须配备监测仪器，科学有效持久治理。首先要做的就是尽快培养石窟科学保护人才，不仅要从国内高校毕业生中引进科研人才，还要把他们送到国外去进一步深造。为了补充经费，父亲还把编撰《中国石窟·敦煌莫高窟》的所得稿酬捐出。

1981年9月，甘肃省科委在敦煌举行了"敦煌文物保护科研课题讨论会"，大家回顾了研究所在文物保护方面走过的历程，总结了在防沙、治沙、清沙、加固崖体、防止坍塌方面的经验，和阳光照射、气温影响、风吹沙打、盐分表聚、生物碰撞等对洞窟内部壁画彩塑的毁伤等问题。与会人员一致认为科学保护迫在眉睫，而缺少科研资金、缺少现代化设备、缺少高科技人才是影响保护成效的关键因素，必须要开拓新思路、寻找新渠道、探索新方法才能解决。

1981年夏，父亲接待了一些中外来访人士，其中一个是以日本成城大学教授上原和为团长、枝川克子为副团长的20多人的参访团。上原和教授是研究丝绸之路和敦煌文化的学者，父亲陪他们参观了洞窟并进行了交谈。其间，父亲提到1982年敦煌文物研究所将在日本举办展览，他们听后很高兴，表示欢迎。同年来访的，还有北京大学教授宿白介绍的荷兰汉学研究所所长许理和教授，父亲也陪同他参观了洞窟艺术和研究所图书资料室。这两位是在改革开放后较早来到敦煌的外国著名学者。

父亲认为与日本建立学术交流之路，探索中外合作关系，对推动敦煌事业的发展会有积极作用。因为早在唐代，日本就派人到中国学习中国的文化艺术了。1958年敦煌壁画展在日本展出时，也引起了很大反响。日本学者和艺术家对敦煌文化兴趣浓厚，开展交流顺理成章。1982年父亲任所长后，立即筹备赴日举办敦煌艺术展一事。在国家文物局的支持下，首先在北京故宫举办了预展，并与日本每日新闻社多次商谈，签订了展览协议。展览地点是东京高岛屋和另外几个城市，展期为六个月。

中国派团出席开幕式，由国家文物局局长任质斌任团长，成员有父亲和史苇湘、史树青、赵友贤。开幕式在高岛屋八楼展厅举行，这次展览规模大，内容丰富，参观者都赞不绝口。当天还举行了盛大的学术报告会，父亲与日本著名作家和学者井上靖同台讲演，父亲讲敦煌石窟艺术的创始、发展过程、内容、历史价值、艺术成就和美学思想，井上靖讲丝绸之路的历史和中西方经济文化交流的过程，讲演得到日本观众的热烈欢迎，学术报告厅内座无虚席，掌声不断。前来参观的日本民众络绎不绝，盛况空前，由此掀起了一股"敦煌热"。父亲的论文《论敦煌壁画的风格特点和艺术成就》很快就在日本报刊上发表。当时井上靖正在撰写电影剧本《敦煌》，父亲祝贺他写作成功，拍摄顺利。

其间，代表团在日方的陪同下，参观访问了日本的文化古迹，如著名的东大寺、法隆寺、唐招提寺等。唐招提寺是鉴真和尚所建，有鉴真和尚的塑像、墓地和纪念堂。东大寺的大铜佛在莲瓣上表现"华严九会"，可见此殿是按《华严经》修建的。代表团还参观了东京、京都、奈良、大阪等地的艺术馆、博物馆。

在京都参观时，日本创价学会名誉会长派使者来访，特意邀请父亲到创价学会做客。经与任局长商议后，父亲决定赴会，创价学会副会长三津木俊幸驱车来接。碰巧当时创价学会正在举行年会，到场的有成城大学教授东山健吾，创价学会副会长和田、西口、池尻，创价学会京都分会会长上田荣吉郎以及"圣教新闻社"评论委员松本和夫等。他们把父亲迎入会场，献花、赠纪念章，十分热情。

和池田大作先生见面后的交谈是在亲切友好的气氛中进行的，双方谈起了正在东京展出的"中国敦煌壁画展"，池田先生表示非常赞赏。他回忆起五次访华的经历，表达对中国深厚的友情，并表示以后还会到中国访问。父亲是第一次和池田先生见面交谈，池田先生就敦煌石窟艺术和佛教方面的一些问题与父亲进行了深入的探讨，也谈到敦煌文物流失海外的问题，父亲希望散失在海外的敦煌文物早日完璧归赵。池田先生说："那些文化遗产，只有置于它诞生的地方，才能恢复其艺术生命，才能使其蓬勃发展。"父亲对池田先生的看法表示赞赏。不久，这段谈话就发表在《圣教新闻》报上。从此，父亲与池田大作也成了朋友，开启了日后的文化交流和敦煌石窟文物保护方面的合作项目。后来池田先生率先向敦煌捐赠了一批科研器材和野外工作车辆。

1983年10月，父亲和中央美术学院金维诺教授应邀赴日参加"国际美术史第二回交流研讨会"，参加这次研讨会的还有日、法、美、英等国的美术史专家。父亲从敦煌艺术在中外艺术中的交融和独创性、宗教艺术和世俗艺术的结合、历史价值和艺术价值等方面入手，以说明敦煌石窟艺术体系是中华民族传统艺术中一个重要组成部分，其在美术史上有不可替代的地位和影响。他在会上也聆听了其他国家代表的发言，增进了对国际学界的了解，还与日本著名的美术史专家岛田修二郎、秋山光和、樋口隆康等进行了亲切交谈，由随行的研究院译员贺小萍、段修业担任翻译。

讨论会结束后，父亲和金维诺教授在日方安排下，参观了东大寺内的正仓院、戒坛院和其他一些重要的博物馆、美

1983年10月，段文杰（前排右三）与金维诺（前排右二）应邀参加东京富士美术馆开馆仪式，与馆长角田和旅日画家傅益瑶等合影。

术馆、寺院等，还访问了东京艺术大学、东洋哲学研究所、成城大学、东京大学等机构。父亲应邀到东京艺术大学、东洋哲学研究所、创价大学作敦煌艺术讲演，并先后出席了日本经济新闻社、"潮"出版社等机构举办的欢迎宴会以及东京富士美术馆的开馆仪式。与东洋哲学研究所后藤所长、日本著名作家井上靖等知名人士进行了友好交谈。

这次访日，父亲在多个场合宣讲了敦煌艺术，结识了一批日本文化艺术界的知名人士，为以后进一步开展敦煌与日本的学术艺术交流打下了良好基础，特别是和日本专门研究文化遗产科学保护的东京文化财研究所建立了联系，同时还得知东京艺术大学有专门的艺术品保存科学部专业。父亲心

1985年，段文杰（前排左一）在日本与创价学会签署保护器材援助协议。

中立刻想到应尽快与日本创价学会、东京文化财研究所协商建立文物科学保护的合作机制，并制订出派人到东京艺术大学学习艺术遗产保存科学技术的研修计划。

1984年10月中旬，日本文化厅长官铃木勋率领日本政府代表团访问敦煌，研究院予以热情接待，父亲陪同参观并进行了座谈。铃木勋表示日本文化厅正考虑向敦煌研究院捐赠一笔资金，父亲代表研究院表达谢意，并表示敦煌研究院将用这笔资金购置文物保护的先进仪器和设施。

为了提升敦煌研究院文物保护工作的力度和质量，提高保护工作人员的科学知识水平和技术水平，院领导班子决定派出一个保护科研人员访日考察团，由刘镍副书记率队，团员有孙儒僩、李云鹤、段修业、刘永增。他们到日本后，受到铃木勋和平山郁夫的热情接待。

通过对日本几处文化财研究所的访问、考察，对东京、京都、奈良等地古遗址的参观，并与日本文物保护专家进行学术座谈和经验交流，考察团成员了解了日本保护古代壁画、雕塑和纸本文物的设备及技术。他们寄回来的信件和回国后的汇报，对敦煌保护工作有很大的借鉴意义，为此父亲致信平山郁夫先生："您让我院考察团带回的信已收到。感谢您对考察团的热情接待和精心安排，使他们参观了贵国许多珍贵文物，了解了贵国文物保护的现代化设施和科研成就，这对我们进一步搞好文物保护工作很有意义。您一向关心敦煌文物保护工作，并多次来信表示愿意给予无条件援助，我们深表谢意。对于仪器设备及科学技术项目，我们正在加紧拟订计划，待呈报文化部审批后转寄贵方。关于1985年4月派出两名文物保护科技人员赴日进修一事，人员已定为李最雄和段修业，详情另告。为了加强和加速敦煌文物保护工作，我们准备接受国内外的捐赠和援助。我们将为捐献者树碑立传。欢迎您再次访问敦煌。"

说起李最雄，他原本是甘肃省博物馆的工作人员，从事文物保护工作。有一次父亲在兰州开会，他找到父亲表示愿意到敦煌从事保护科研工作，父亲觉得他正是敦煌需要的人才，便说："敦煌很艰苦，生活条件比不上兰州，你要慎重考虑。"李最雄表示："生活艰苦我不怕，你们新中国成立前就到了敦煌，已经坚守了几十年，还在为敦煌做贡献，你们的精神打动了我，而且我也想找些难度更大、挑战性更强的工作来做，这样的工作才更有意义。"父亲见他态度坚决，就立即与省委组织部、省委宣传部、省文化厅和省博物馆联系，很快就把他调到研究院。这次又决定送他到东京艺术大学保存科学部研修，李最雄感动地说："段院长做事真是雷厉风行。"

父亲很重视舆论宣传对敦煌保护工作的作用。不论是会见来敦煌参观的中外客人，还是参加政协会议，他都会讲述莫高窟保护的紧迫性和科学保护的必要性，呼吁各界朋友关注敦煌文物的保护问题。有些来自香港的朋友，参观了莫高窟后，也感到敦煌的保护是个重要问题，便把他们的观感告诉了香港爱国人士邵逸夫先生。邵先生立即通过全国政协副主席钱昌照和夫人沈性元委员，捐款一千万港币，用于莫高窟洞窟壁画的保护。这笔捐款到位后，研究院在100多个洞窟内安装了玻璃屏风，为398个洞窟安装了铝合金窟门。在20世纪80年代旅游业兴盛、游客拥挤的情况下，这一重要举措对保护洞窟壁画和彩塑的确及时有效。敦煌研究院为邵逸夫先生建立了纪念幢。

1985年，敦煌研究院与日本创价学会协商，合作举办"中国敦煌展"，展期六个月。内容为敦煌壁画彩塑临品和院藏文物，还增加了敦煌市博物馆的部分藏品。10月，父亲率团参加了在东京富士美术馆举办的开幕式，又见到了池田大作会长和东京艺术大学平山郁夫教授，双方进行了亲切友好

1985年，段文杰在日本作《敦煌美术与民众》讲演。

的交谈。

其间父亲应邀在创价大学作了《敦煌美术与民众》的讲演，他说："敦煌艺术是宣传佛教思想的艺术，而不是专为王侯贵族服务的宫廷艺术。它同各阶级各民族的信仰、文化和生活有着密切的联系。敦煌之美，就美在它是民众的艺术。"讲演受到与会者的欢迎。

之后父亲又与东山健吾和井上靖就敦煌艺术之美、敦煌研究院保护研究工作以及历史上的中日文化交流和当代中日文化交流等方面的问题深入交流。在访谈中，父亲就敦煌研究院的建制、办院方针以及近期将在敦煌召开国际学术研讨会，邀请各国学者会聚敦煌，共同开展敦煌研究的设想回答了东山健吾和平山郁夫先生的提问。

井上靖认为："敦煌研究院的建立，使长达千年的古代文化研究终于有了专门的组织来做，这的确是一件令人激动的事。敦煌不仅是中国的，也是世界之宝。把国际上的学者、研究者请到敦煌一起共同研究，这是前无古人的壮举。"井上靖还表示，在保护方面开展共同研究是最先应当做好的。

父亲感谢井上靖对敦煌保护工作的关心，告诉他们"敦煌研究院已经在洞窟崖体加固工程上做了大量工作并已经取得了实效，同时对各个洞窟内部壁画、彩塑等文物珍品的保护也很重视。通过设置防护玻璃屏障、改善洞窟门窗质量、设置电子监察仪器和加强窟区保卫工作等措施，防止人为因素对文物的破坏。也正在探索和研究运用现代科学技术来保护壁画彩塑，减缓或预防自然因素对洞窟文物的损害。日本在文物保护方面有较高水平，敦煌研究院已开始派员到日本研修这方面的课程。这次来正与东京艺术大学等有关单位商谈这些事"。

井上靖提到他写的电影《敦煌》马上就要开拍，他已请参加电影拍摄的所有人员前来观看"中国敦煌展"，还将赴敦煌石窟参观，希望得到敦煌研究院的支持。父亲表示，在不影响石窟文物保护的前提下，一定尽可能给予支持。

访谈由研究院资料中心副主任刘永增、贺小萍担任翻译，访谈录发表在日本《潮》杂志上，并随后出版了《敦煌之美》一书。

在日期间，父亲应邀参加了创价学会一年一度的文化界优秀工作者表彰大会，池田大作授予父亲东洋研究所学术奖章，并就促进中日文化交流、改善敦煌研究院的保护工作条件等问题进行了协商。父亲还和东京艺术大学教授、著名画家平山郁夫商定，由日方根据敦煌研究院的工作需要，进一步加强专业人员培养的援助项目。此后，敦煌研究院每年都选派一批中青年到东京艺术大学等学校研修学习。

这一时期，父亲与平山郁夫有诸多信件往来，如1985年5月27日平山郁夫的这封复信。

敦煌研究院院长段文杰先生：

谨启，从四月下旬前来日本的段、李两氏处得悉先生贵体日益健康，特别是日夜地致力于敦煌研究院的创建与发展，不胜欣喜。如前几次信中所言，日本方面对于日中共同协力的敦煌文物保护事业正日益进展。作为这一事业的一环，李最雄与段修业两氏，到日本已及五周，早已开始了正式的研究，生活方面也已安定，现正顺利地进行研究工作，请毋悬念。

上信说道已中止了五月份的访问，其后经再三考虑，兹决定为推进这一事业，打算于本年六月下旬至七月上旬前往贵国访问。关于此事，想来李、段两君已修书奉告，谅已知悉。此次访华，拟在北京与朱文化部长相见，告以日本方面之设想，希望得到其理解与赞同。之后则访问敦煌与兰州，在敦煌与阁下具体协商并作必要的视察。在兰州则拟与省长及主管文化方面的副省长、省文化厅有关人员相晤，并进行协商。

另一方面，在余访华之前，约在六月十二、十三日，本学讲师春日嘉一来敦煌访问，虽然先生很忙，亦请与春日面谈一下，若能告以您的设想、意见与期望等当十分为幸。

我认为，眼下敦煌协力之事应尽可能地致力于以下的范围：一是协力于敦煌文物之保护与研究上必要之器材等。二是为国内外人之参观，协力建立陈列馆。三是共同致力于扩充有关研究所必要之电力、交通手段、印刷所等有关设施。四是协力培育人才。

为了本事业之顺利进行，可以考虑邀请甘肃省级和中央级之赴日考察团。关于以上各项，本人拟于访华之际与阁下详谈。在春日访华之时，亦盼与之交换意见。再者，春日氏拟与省文化厅霍仰山厅长面谈，请妥为安排为幸。把晤匪遥，不胜雀跃。

　　敬祝贵院诸先生身体健康！

平山郁夫敬具

一九八五年五月二十七日

　　1986年10月25日至1987年1月27日，父亲应日本国立最高艺术学府——东京艺术大学的邀请，做该校的客座教授。

　　1986年，段文杰与日本东京艺术大学校长平山郁夫签订人才培养计划协议。

讲学的主要内容有：敦煌石窟艺术体系建造的时代背景和历史原因；佛教对中国造型艺术的影响；中国传统艺术和外来艺术在敦煌交汇融合并发展的过程；敦煌石窟艺术的总体特征及各个不同时期的时代风格和画派风格；阐述分析总结了敦煌壁画中的重要艺术手法、技巧，特别是线描手法、色彩运用、晕染特色、传神技巧等。

除了讲演，父亲还与东京艺术大学美术史系师生进行了两次敦煌艺术座谈，并回答他们提出的问题。现场有人问："像这样技艺高超、造型优美、内容丰富的石窟艺术，在敦煌出现的因素是什么？"父亲除从历史沿革和地理因素等方面做出说明外，还归结了这样几种重要因素：宣传佛教信仰是敦煌石窟艺术创作的宗旨和起因；当地社会现实生活是敦煌石窟艺术创作的依据和源泉；本土文化艺术传统积累是敦煌石窟艺术创作的根基和沃土；东西方各路艺术流派是敦煌艺术创作的养料和补充；艺术家对真善美的追求是敦煌艺术创作的动力和支柱；自然环境和生命现象是敦煌艺术创作的粉本和参照。

讲学结束后，东京艺术大学授予父亲"外国名誉教授"称号，校长藤本能道向父亲颁发了名誉教授证书。此外，父亲还应邀在东洋哲学研究所作了《舍身饲虎图的美学探讨》的报告，对敦煌壁画中不同类型、不同风格、不同构图的"舍身饲虎图"进行了分析比较。

1983年，日本文化厅长官铃木勋访问敦煌时，曾提出要

段文杰在日本作《敦煌壁画之美》演讲。

援助敦煌文物保护事业。1985年，日本文化代表团访问中国时，水上达三团长也向我国文化部部长谈到过援助敦煌。平山郁夫先生个人也提出要捐助敦煌文物保护事业。

在日期间，父亲除了在讲学、讲演和座谈过程中大力传扬敦煌艺术外，更重要的目的，是要具体落实日本方面援助莫高窟保护项目的有关问题。为此，他在平山郁夫先生陪同下，在日本首相官邸会见了中曾根康弘，并就敦煌文物保护问题作了深入沟通和交谈。

1987年12月，联合国教科文组织世界文化遗产委员会将莫高窟列入世界文化遗产名录，这是敦煌的荣耀。作为敦煌研究院的管理者，父亲感到责任更加重大，必须更加努力工作。为了加强石窟文物安全的保卫工作，院里不但在莫高窟增加了现代化安全技术防范措施，也加强了护窟队的力量。

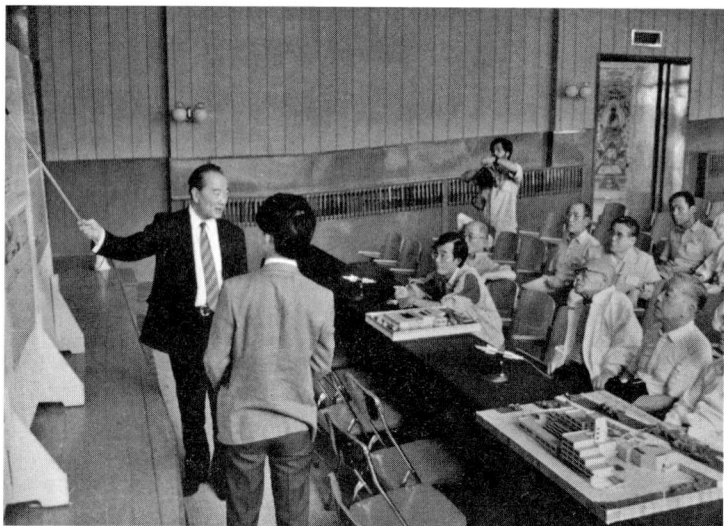

1988年，段文杰向平山郁夫和日方援建项目负责人石川六郎讲解陈列中心建设方案设想。

这些措施的落实，使石窟文物保护工作比过去有了很大发展和强化。距离南区石窟群较远的北区洞窟，如465窟等在改革开放前基本没有什么保护措施，现在也被纳入加强保护的范围，并和南区洞窟一样要求护窟队携警犬严加巡逻。

1988年初，日本东京文化财研究所所长滨田隆和平山郁夫来信，邀请父亲5月到日本访问，为期一个月。父亲觉得可以利用这个机会，进一步宣讲丝路文化和敦煌艺术，更重要的是，可以继续与日方商谈和落实有关的援助项目。5月1日，父亲在成田机场受到日经新闻社顾问圆城寺次郎和日本文化厅、东京艺术大学、东京文化财研究所等单位代表迎接。

东京艺术大学校长出面举行了欢迎酒会，日本文化财保护振兴财团举行隆重欢迎会，由财团理事长石川六郎主持会议并致欢迎词。参加欢迎会的有财界权威人士圆城寺次郎、水上达三等，文化厅长官大崎仁、外务省报道官以及财团理事等，共30人左右。会上平山郁夫教授讲述了援助敦煌的情况。父亲也应邀讲话，他主要介绍近年来在中国政府的领导下，敦煌文物保护很受重视，有了全新的面貌。同时也讲了进一步加强保护的重要性，介绍敦煌莫高窟已被联合国教科文组织列入世界文化遗产名录，希望外国朋友给予关注和支持。

在日期间，父亲共作了四次学术报告，在东京艺术大学、东京文化财研究所和成城大学，分别作了《敦煌艺术的魅力》《敦煌壁画技法》《敦煌石窟保护历程》等专题演讲，还应日本NHK广播公司邀请，与平山郁夫、樋口隆康、陈舜臣等著名人士联合讲演丝路文化及其保护，重点介绍了敦煌学研究的新成就以及敦煌石窟保护的成果和展望。

平山郁夫为了援助敦煌石窟保护研究事业，专门举办了个人画展以筹措资金，还特别邀请父亲赴日参加他的画展开幕式并为其剪彩。父亲在开幕式讲话中称赞了平山郁夫的艺术创作，特别是对他不辞辛劳、多次赴丝绸之路写生创作的精神表示敬佩，并对平山郁夫给予敦煌石窟保护研究事业的关爱和支援表示感谢。出席展览会后，父亲又会见了创价学会名誉会长池田大作先生，谈起平山郁夫先生举办画展为援助敦煌筹资的义举时，池田先生表示赞许，说平山郁夫先生做了一件伟大的事业，并表示创价学会也可以再做一些支援，还说如果需要汽车他们可以再次捐赠。

5月23日，父亲在平山郁夫的陪同下，前往首相官邸会见日本新任首相竹下登。竹下登问起敦煌石窟保护的情况时，父亲向他介绍了在党的领导下政府对保护敦煌石窟所进行的巨大工程与近几年在科学保护上的加强以及国际对敦煌保护事业的关心和支持。平山郁夫先生也向首相介绍了敦煌研究院几十年来保护工作的成绩及需要加强的保护内容和措施。竹下登首相表示日本政府会在保护敦煌遗产方面给予一定援助。父亲向竹下登首相赠送了《敦煌》画册及彩塑复制品，首相认真翻看，爱不释手，连连说："谢谢你的珍贵礼品。"父亲邀请竹下登首相到敦煌去看一看，竹下登说："我一直有一个愿望想要到敦煌去，会尽快安排时间出行。"

这次访日的一项重要内容就是与日方商谈保护敦煌石窟的援助方案。经与平山郁夫多次晤谈，得知平山郁夫发起的文化财保护振兴团已组成，宗旨是援助国内外特别是丝绸之路沿线的文物保护工作，第一阶段就是援助敦煌文物保护事业。关于援助项目，平山郁夫提出了援助项目意向。它们是：敦煌艺术陈列馆（陈列复制洞窟）、藏经洞出土文物陈列馆、敦煌研究基金、莫高窟环境建设、水道和发电设备安装。其中大多数是研究院提出过的项目，也曾向省文化厅和国家文物局报告过，有些也已经在落实。

根据研究院的实际情况，父亲希望日方在以下几个方面给予更多关注：一、在兰州建立敦煌保护科学研究中心和敦煌资料中心。二、在敦煌改造上中寺，建立保护管理中心。三、建立敦煌资料出版基金。四、设立人才培养基金。其中人才培养一项，日方的意见是在日本培养时由他们负责，在其他国家培养时由中方负责。在敦煌石窟资料的出版问题上，中国国家文物局同意由中日合出。平山郁夫也同意，并推荐讲谈社与敦煌研究院协商。

关于援助计划，平山郁夫说，资金需要分步骤筹集，争取在五年到七年内完成25亿日元的筹集工作。援助项目也须逐年完成，其中，建筑物的建造工作可由日方承担，但仍要与中方合作，这样既迅速又可以保证质量。关于中方如何接受援助的问题，日本文化财保护振兴财团已经日方政府批准，获得法人资格，而且是政府和民间结合的机构，以作为援助敦煌的代表。日方认为，中方也应有相应的受援组织。平山郁夫的意见是，要有一个敦煌研究院与政府结合的组织，而且应尽快进行双方会谈，把援助项目、援助计划、援助方式定下来，双方签订协议后，按协议办事。平山郁夫提出，为了使财团理事们慷慨解囊，要提高他们对敦煌的认识和兴趣，于是商定，日方将在7月组团来敦煌访问参观。平山郁夫还说，日本新任首相竹下登已决定，在8月访华的最后两天访问敦煌，他也与竹下登同来。届时，首相将代表日本政府宣布一项赠礼，即无偿援助一座陈列馆。平山郁夫也将宣布以他个人名义捐赠一笔敦煌学研究基金。日方希望研究院拿出陈列馆修建方案，父亲表示回国后尽快将方案寄来。

此次访日在为敦煌保护争取外援上取得了很大成果。回国后父亲立即将商谈的有关情况向国家文物局和省政府作了汇报，特别是几个急需解决的问题。省委、省政府很重视，受援组织的成立由副省长刘恕亲自安排。研究院报送的对平山郁夫捐赠学术研究基金的答谢意见，省委、省政府也已研究同意。

1988年8月27日，日本首相竹下登及其一行人员飞抵敦煌参观访问，父亲和省、地、市领导前往机场迎接并出席了欢迎宴会。其间竹下登说："来中国探寻日中友好的历史渊源，是我的夙愿，今日来到'飞天'的故乡敦煌，夙愿得以实现，我感到十分高兴。"首相在致辞中还强调："这里是人类优秀的文化遗产宝库，也是日本文化的起源之一。在保存敦煌遗产和研究西域问题上日中应该实行合作。"

8月28日下午，竹下登首相携夫人乘车到莫高窟参观，父亲和研究院其他领导樊锦诗、赵友贤、刘鹏、马正乾等在九层楼（大佛殿）前迎候，对竹下登首相表示热烈欢迎，并与首相留下了珍贵的合影。按照平山郁夫所说，因为日本文化深受敦煌文化的真传和影响，所以这次来是怀着感谢和寻根的心情。为了使首相的夙愿得以实现，研究院精心安排了观瞻的洞窟。参观路线自南向北，自上而下，首先从158窟释迦牟尼涅槃像开始，直到17窟藏经洞结束。这是在日本驻华大使中岛敏次郎访问敦煌时与他商定的。

参观讲解分为七个小组进行，竹下登首相为第一组，由父亲担任讲解工作，刘永增翻译，先后参观了158、130、112、220、96、61、196、17等洞窟，是上起北凉、下至五代最有代表性的洞窟。竹下登观看得很仔细，听着父亲的讲解，还不时点点头。在61窟前小憩时，父亲又向首相简要地介绍了敦煌石窟壁画、彩塑的保护和研究情况以及开放接待方面的情况。竹下登再次表达了愿与中方合作运用日本已有的科学技术以保护莫高窟的愿望，并宣布日本政府投资十余亿日元，无偿援助敦煌研究院建立敦煌石窟文物保护研究陈列中心的计划，在场的人都热烈鼓掌。

　　参观结束后，竹下登首相发表感言说："日本也有佛教文

1988年8月，段文杰陪同日本首相竹下登参观莫高窟。

化，但这里才令人感到正宗，如何保存这些珍贵遗迹，传给后代，是一大任务。"当首相一行走到小牌坊前时，立刻被一群中外记者围了起来，有记者问："请问竹下登首相，您这次参观莫高窟有何感想？"首相高兴地回答："太好了，太好了！遗憾的是时间太短了！真是百闻不如一见，看了这些洞窟，我对敦煌艺术有了新印象。"离开前，竹下登首相在留言本上写下"一九八八年八月二十八日日本内阁总理大臣竹下登"。父亲代表他本人和敦煌研究院向竹下登首相赠送了敦煌莫高窟一幅112窟舞乐图临摹品及《中国石窟·敦煌莫高窟》五卷本中文版一套，并向首相夫人赠送了礼品。竹下登首相和夫人很高兴，连声表示感谢。欢送竹下登首相一行离开莫高窟的同时，陪同来访的平山郁夫先生和甘肃省领导贾志杰、阎海旺等也离开了莫高窟。

此后不久，平山郁夫又率领日本国际协力事业团，对敦煌石窟文物保护研究陈列中心建设进行了现场考察，在陪同平山郁夫和石川六郎参观洞窟并实地研究建设方案后，父亲又代表敦煌研究院与日方签订了设计原则协议。与此同时，平山郁夫表示将举办画展售画所得的两亿日元捐赠给敦煌研究院，用于促进敦煌的保护研究事业。父亲表示衷心感谢，并建议设立平山郁夫敦煌学术基金，还要为他建立纪念幢。

保护研究所与日本东京文化财研究所也开始对莫高窟194窟的小环境进行综合研究，探索科学保护洞窟文物的新办法。不久，保护所所长李最雄主持进行的"应用PS—C在加固风

1988年，段文杰（右二）在敦煌石窟文物保护研究陈列中心援建项目签字仪式上讲话。

化砂岩石雕中的研究"项目荣获文化部1988年度科技进步成果二等奖。此项成果在榆林窟等石窟中应用推广，获得很好的保护效果。

为了沟通援助敦煌之事，父亲与日方有关人员多次通信联系，在给平山郁夫的信中说："您最近几次访问敦煌，落实了竹下登首相的日本政府援助计划，又宣布了您自己决定捐赠巨额学术基金，对敦煌文物保护事业做出了巨大贡献，我代表敦煌研究院向您致以衷心感谢。承东京文化财研究所和文化财保护振兴财团之邀，我院文物环境保护科学考察团一行五人，由我院副院长樊锦诗率领，将在东京、京都、奈良等地有关单位进行考察和学术交流。为了取得较好的实际效果，请您多多关照。关于援建陈列馆所需资料，部分已经收集到，现请樊锦诗团长带去，其余资料正在收集中。待您10月20日前后率领专家和政府代表团访敦时，与我方专家共同在现场考察、论证和拟订计划时再商谈，并提供全面资料。我们正在与上级联系，欢迎您再次来敦煌。"

金秋时节，日本文化财保护振兴财团理事长石川六郎先生率团访问敦煌，父亲陪同他们参观了莫高窟艺术和莫高窟保护区的自然环境，并在保护陈列中心预设地点进行现场考察和交谈。10月底，平山郁夫团长和副团长小町恭士率领的日本国际协力事业团再次来到敦煌。这次主要是为了对日本政府援助敦煌石窟文物保护研究陈列中心项目的实施方案进行事前调查。

父亲陪同他们到建设项目的预定场地进行勘察，对地形、地质、河道、气候等情况认真摸排后，召开了座谈会。除日方调查团成员外，还有甘肃省对外经济贸易委员会外经处处长曾明沂、省文化厅文物处处长钟圣祖参加座谈会。座谈内容涉及日方无偿援助建设的步骤，建设项目开工前必须做好的一些参考资料、设计方案、文物陈列规划、各种建筑材料预算、保护设施设备的安装计划、水电设施、各种办公厅（室）的性能设计，甚至包括了在施工建设中会遇到的运输保护器材及人员往来等涉及外交和海关等方面的问题。双方希望尽快将这件事情办好。最后，根据座谈会内容整理了一个纪要，将涉及的方方面面的问题列了出来，上报给外交部、国家经贸委、国家文物局、甘肃省政府及其他有关部门考虑并批示。

1989年元月初，在父亲的主持下，对敦煌研究院莫高窟的建设项目进行了多次讨论，除研究日本援建的敦煌石窟文物保护研究陈列中心和宣布拟设立的平山郁夫敦煌学术基金和建纪念幢外，还就敦煌艺术研修中心、敦煌研究院兰州院部内敦煌石窟文物保护研究陈列中心及资料中心、敦煌藏经洞陈列馆、莫高窟上中寺的修复、莫高窟环境保护建设、榆林窟加固工程、敦煌资料出版基金和敦煌研究院人才培养等问题，讨论了计划和措施。

正在大家热情高涨、奋力大干之际，突然发生了北区崖壁465窟两块壁画被人切割盗走的恶性事件。父亲和其他院领导研究，让护窟队保护好现场，并立即向省里领导和有关部门汇报，同时向公安部门报案。省里很重视，刘恕副省长亲自赶到敦煌就地指挥。酒泉地区公安处王成贤率领省、地、市公安干警，经过140天的连续作战，仔细侦查、缜密分析，最终擒获罪犯并追回被盗壁画。6月6日，王成贤处长带领公安人员将壁画原件送回。壁画在剥取时已经受损，但原物回归实非易事，公安人员立了一大功。父亲安排保护所专业人员将壁画精心修复后，细心地粘贴回原壁。两名罪犯也受到了法律的严惩。

8月中旬，国家文物局、公安部和甘肃省政府在莫高窟隆重举行了"侦破敦煌465窟壁画被盗案表彰大会"，给有功人员颁发了奖牌和奖金。此事通过媒体向国内外进行了宣传，严厉打击了文物盗窃罪犯的嚣张气焰，增强了人们保护文物的意识和责任心。在刘恕副省长、董长河副厅长的指导下，敦煌研究院在配合破案的同时，进行了安全整顿，检查补救了安全隐患和漏洞，对管理上存在的问题进行了查找和纠正，从完善制度和加强管理方面及时采取有效措施。把保卫科升格为保卫处，将石窟警卫队由原来的15人增加到24人，同时增加路灯，配备强光手电和电子枪，增购五只警犬，配齐安全技术防范、洞窟管理和内部保卫几个方面的干部，增强领导力量。此外，还动员全院职工增强文物安全意识，共同努力确保文物安全。

敦煌石窟保护工作从1980年后进入科学保护工作阶段。敦煌研究院与中国化工部兰州涂料研究所合作，对莫高窟壁

1985年，段文杰与莫高窟保卫科石窟警卫队人员合影。

画颜料进行了X射线荧光和X射线衍射分析，取得了壁画病变的第一手资料。与兰州化学工业公司化工研究所联合开展了"莫高窟大气环境质量与壁画保护""莫高窟壁画颜料变色原因探讨"的课题研究，找到了有关原因和机理。还与中国科学院沙漠研究所合作，开展了窟顶防沙研究项目的实验，通过采取化学固沙和生物固沙等手段，建立了3000多米的防沙网，有效地阻止了风沙对窟体的危害。这些成果的取得，使得大家对敦煌石窟保护在科学化、现代化方面的思考更加深入。

研究院准备加大研究力度和进度，通过多方面的合作，包括国际间的合作，使敦煌石窟在科学化、现代化保护研究方面更上一层楼，赶上国际先进水平。为此，父亲督促保护所制订了一个新的敦煌石窟保护研究与治理规划，主要内容是：一、环境监测与治理。对莫高窟、榆林窟和西千佛洞的环境、大气质量作进一步的调查监测和研究。在莫高窟建立综合气象站，同时在榆林窟和西千佛洞建立小气象站，有计划地监测和收集各种与保护研究有关的气象资料及数据；对院内的文物库房和将要建设的陈列馆的环境进行监测，通过监测，对环境作出科学评价，找出文物的最佳保存环境；对莫高窟、榆林窟及西千佛洞的水文地质和工程地质进行系统的勘察与调查，为治理病害、工程加固等提供科学依据；采用科学手段，对洞窟崖体裂隙位移、附加建筑物稳定性进行长期监测，监测记录敦煌地区地震情况和各类交通工具对洞窟的震动影响；进行风沙观测和防治流沙的科学实验，有计划地进行流沙治理，减少流沙危害及沙尘对文物的侵蚀；对莫高窟、榆林窟和西千佛洞进行环境绿化与林木更新。二、保护研究。深入地对壁画颜料变色和褪色机理进行研究，在此基础上，逐渐转入预防变色、褪色措施的研究，同时对变色颜料还原的可能性进行探讨；研究壁画风化酥碱和起甲病害机理，研究病害的预防措施，研究开发修复材料及工艺；建立壁画颜料分析资料库，为保护研究提供资料和数据，完成"敦煌壁画颜料史"的研究工作；按壁画制作的年代和病害状况分不同系列，开展对壁画地仗层材料及制作工艺的系统研究；对已清洗的烟熏壁画进行监测与观察，同时研究新的清洗剂和新的清洗工艺；研究壁画颜料胶结材料的老化及

1985年，段文杰与相关人员在窟区研究保护工作。

其对壁画起甲、粉化、褪色、变色等病害产生的影响，同时，研究筛选新的壁画加固修复材料；对壁画微生物、虫害进行调查研究。三、壁画和彩塑的修复加固。有计划地开发壁画和彩塑修复新技术；开展重层壁画的探测及大面积揭取技术的研究；开展塑像内结构探测技术，研究彩塑加固新工艺；配合有关单位进行壁画彩塑病害的研究，推广文物保护科研成果。四、石窟加固。莫高窟南区中段和北区石窟整修加固；石窟崖体裂隙灌浆材料及工艺的研究；榆林窟整修加固。五、实施现代化技术防范措施。六、档案、资料。完成全部石窟档案，包括文字、实测图、照片、录像以及典型洞窟的电影纪录片，完成壁画图像的电子计算机储存，以便永久准确地保留壁画资料；建立、健全保护科学档案；逐步充实完善保护科技资料；不定期出版《石窟保护技术》。七、组织机构。建立一支有10名高级职称、20名中级职称的约50人的专业团队，负责石窟保护研究和修复加固、工程技术、档案、资料情报等工作，充实完善保护研究和修复加固实验室，形成一个石窟保护研究和修复的实体。

在此基础上，父亲还要求保护所制订了一个近期的规划，对一些马上可以进行的项目尽快落实。此外，还制定了本院先进仪器设备和实验室使用规则、科研课题设立和开展的管理办法。这些规章制度，使保护工作更加规范化、有效化，使保护科研设备仪器得到爱护，发挥了应有的作用。

1989年5月上旬，受日中友好会馆理事长伴正一的邀请，父亲和接待部副主任马竞驰赴日访问，参加向日中友好会馆赠送敦煌壁画临本的活动。5月8日举行了隆重的仪式，其间父亲和平山郁夫作学术讲演。平山郁夫先生的题目是《佛教艺术的源流》，父亲讲的是《菩萨与飞天》。会上，日本宇野外相夫人提了一个问题："听说莫高窟要封闭，不让参观，是否属实？"父亲回答："这是谣传。我们和以往一样对外开放，只是为了文物安全，管理上会更严格，但绝不是不让大家参观，我们依然欢迎日本朋友前往敦煌。"

当天晚上举行揭幕祝贺宴会，参加晚宴的有日本邮电大臣和文部省、外务省的官员及各方知名人士百余人，气氛相当友好。日本首相竹下登也到会祝贺并讲话。在讲话中他回忆了去年访问敦煌的情景，表达了对敦煌的友好情谊，和对敦煌文物的保护尽一份力量的心愿。

次日，父亲和马竞驰在平山郁夫的陪同下，再次前往首相官邸会见竹下登。父亲对竹下登说："去年8月，首相访问了敦煌，对敦煌艺术给予了很高的赞誉，并决定无偿捐建一座敦煌文物保护陈列中心。这一工程正在设计中，预计三年建成。中心建成后，对保护敦煌文物、对国际文化交流都将产生积极作用。对此，我代表敦煌研究院向您表示衷心感谢。"竹下登说："敦煌石窟保护研究中心建成后我还要去，我也认为，它对保护文物、促进文化交流将产生很好的影响。"

首相看到父亲的访日行程表中有前往札幌的安排，关切地问："段先生有何事到札幌去办？"父亲回答："札幌市一位女大学生越智佳织，曾立志大学毕业后要到中国留学，不幸遇车祸罹难，她父母为圆其生前遗愿，将其积攒的留学费用200万日元捐给敦煌研究院作文物保护用。我们特别感动，我去札幌市看望她的父母越智嘉代秋和越智美都江，对他们一家的赤诚之心表示感谢，同时也是去看看她生前生活过的地方。"竹下登说："这件事很重要，应该在日本国内宣传，我感谢你们去看望他们。"当晚，父亲他们即在日本外务省官员的陪同下前往札幌，在越智家中，父亲书写了"幽谷芳兰"四字赞誉越智佳织小姐，其母越智美都江流泪致谢。因为日本NHK放送协会及一些日本媒体的记者随访，很快日本全国的电视新闻和报纸上就发布了这一消息。我国驻札幌总领事馆千昌奎等同志，称赞这是中日民间友好的表现。

随后几天中，父亲与平山郁夫和东京文化财研究所有关人士补签了4月在敦煌商谈培养人才的纪要，从当年起，敦煌研究院每年派4人赴日留学或研修，每人的学习时间为一年至二年，主要培养文物保护科研人才。平山郁夫先生还告诉父亲，他办画展筹措的两亿日元，将在7月兑现。7月份他还将第三次率领考察团，去敦煌商谈文物保护研究陈列中心的设计方案。在日期间，父亲又见到池田大作先生，除了交谈一些学术问题，池田大作先生主动提出愿意给研究院援助汽车，希望早日办好免税进关手续。还提出由东京富士美术馆和敦煌研究院联合举办流失各国的敦煌文物经卷展览，由日方出钱，先在日本展览，再到中国展览的设想。

之后，父亲又与日中友好协会全国总部理事长清水正夫、东京文化财研究所所长滨田隆等会谈，就敦煌的保护科研计划交换了意见，双方同意拟订一份计划书，经国家文物局批准后签订协议，后续工作按协议进行。

这次访日，父亲还会见了不少各界知名人士，感受到了源远流长的中日友好关系，促进了双方文化交流，特别是落实了人才培养方案和一些具体的援助内容，访问是成功有效、意义深远的。

从日本回到敦煌后，父亲主持研究了进一步强化石窟文物的保护和保卫工作，促进石窟保护研究走上科学化、现代化发展之路。院里制订的"敦煌文物保护科研规划"通过了专家论证，被列入甘肃省"八五"科技发展规划；安西榆林窟东崖危崖加固工程得到国家文物局批准，采用先进的崖体锚索技术和裂隙灌浆充填的坡面防护技术；派出副院长樊锦诗赴美国洛杉矶与盖蒂文物保护研究所签订了合作研究保护敦煌文物的协议书。

1989年7月，香港知名人士邵逸夫先生访问了敦煌。之前邵先生捐款一千万港币，研究院用捐款在洞窟中安装了玻璃屏风和铝合金洞窟门，工程结束后，曾邀请邵先生来审视，但他当时事务繁忙，未能安排时间来敦煌，这次能来，大家非常高兴。省、市领导也很重视，时任敦煌市副市长刘会林专程提前到莫高窟研究接待方案。

1989年7月，段文杰与邵逸夫在邵逸夫纪念幢旁合影。

邵先生在敦煌只有两天时间，接待活动必须紧凑有序。7月26日，邵先生到达莫高窟，父亲立即向他介绍了捐赠款项的使用情况，并说明研究院为了表示对邵先生善举的尊敬和纪念，建立了一座邵逸夫纪念幢，请邵先生参加揭幕仪式并讲话。次日上午，父亲在莫高窟九层楼前主持纪念幢揭幕仪式并讲话，对邵先生的捐赠经过进行了介绍，说明了捐款使用和保护工程的落实情况，赞扬了邵先生关心祖国文物遗产保护、慷慨解囊的高尚行为。邵先生在热烈的掌声中致辞，他表示保护祖国文化遗产是每个中国人应尽的职责，做一些奉献是应该的。他对敦煌研究院职工长期保护文物的辛勤工作致以问候。

仪式结束后，父亲陪同邵先生，由南向北、由高至低依次参观了 158、156、159、130、112、220、96、61、45、254、275、285、296、320、16、17 等窟。看到壁画前的玻璃屏风，邵先生很高兴，认为捐款用对了地方，既防止了人体接触壁画彩塑，又不影响观看，的确起到了保护作用。参观间隙小憩时，父亲又向他介绍了在榆林窟和西千佛洞安装铝合金窟门和玻璃屏风的数目、面积等情况。参观过程中，摄录部随行为邵先生拍摄了他审视铝合金窟门和玻璃屏风的影像，留下了珍贵的资料。在研究院招待宴会上，宾主言谈甚欢，欣慰祖国遗产保护遇上了好时代。为了感谢邵逸夫先生，父亲向他赠送了一幅敦煌壁画临本，向随行人员赠送了《敦煌壁画集》，还请邵先生题字留念，留下墨宝。

1990 年 8 月，父亲应第 33 届国际人文会议组织秘书长 A.哈里克先生的邀请，赴加拿大多伦多参加北非与亚洲研究年会，同时应邀前往的还有研究院青年研究人员宁强。他们计划会议结束后赴渥太华访问加拿大文物保护研究所，之后去温哥华中华文化中心讲学。8 月 19—25 日，为期七天的年会在多伦多大学举行。这个学术年会已有一百多年历史，每五年轮流在各国召开一次，研究的范围很广，包括社会科学的所有学科。会议分三十几个小组宣读论文，每个小组有主持人。父亲在佛教小组宣读论文，这是参加人数最多的小组，因为语言障碍，父亲先用汉语讲提要，再由甘肃去加拿大读博士的汤潮代为宣读英文稿，加上配合了幻灯片，宣讲效果很好，受到与会代表的热烈欢迎。

学术会议结束后，父亲由研究院公派在加拿大读研的进修生李铁朝陪同，应邀赴渥太华访问加拿大文物保护研究所。所长格鲁琪先生介绍说，这家研究所规模较大，有完善的现代化设备，从研究到修复，有七十几位专业技术人员，负责全国文物保护修复工作。在多伦多皇家博物馆，存有解放前从我国山西一家寺院弄去的三大幅元代壁画，每块有四五十平方米，每一块又分割成二三十小块运到加拿大。现在由文物保护所全部恢复原状陈列展出，修复的技术确实很好，成了加拿大皇家博物馆一宝。

在参观过程中，父亲还会见了加拿大通讯联络部国际关系司总负责人格德瑞尔·瓦瑞和国际文化事务处顾问弗兰丝·勒科斯女士。在与格鲁琪所长等人交换意见、商谈文物保护的看法时，双方一致认为，在敦煌文物保护课题研究上合作非常必要，应尽快互派考察团，具体协商合作方案，再报请上级管理部门批准，签订正式协议。其合作方式基本与敦煌研究院和美国盖蒂文物保护研究所的合作方式相同。

此次访问加拿大还有一项内容就是应温哥华中华文化中心和不列颠哥伦比亚大学的邀请，在这两家单位讲学。中华文化中心是旅加华人华侨宣扬中华民族文化的组织。加拿大是个移民国家，文化是多元性的，华人有几十万，到处都有唐人街，到处可以感受到中华文化。父亲在中华文化中心讲演两次，题目是《丝绸之路上的中西文化交流》和《敦煌壁画艺术》，听众多为华人学者和文化界人士，也有一些非华裔加拿大人。讲演现场座无虚席，气氛友好。父亲在哥伦比亚大学的讲演题目是《佛国世界里的人间世界》，听众都是学校的教授和部分研究生，有四五十人。一位教授告诉父亲，这是该校听学术报告人数最多的一次。这也是因为随着中国国际地位的上升，人们越来越想了解中国文化的缘故。

1991年5月，日本东京艺术大学校长委派杉下龙一郎教授到敦煌，为李最雄颁发了文物保护科学博士学位证书。李最雄是敦煌研究院派至日本专修文物保护的研究生，他在日本刻苦钻研，努力学习，取得了不凡的成绩，成为我国当时第一位文物保护科学博士，为敦煌研究院争了光，也激励着在外研修学习的其他人更加努力。

1995年是敦煌研究院按照省文化厅要求，正式实行目标管理责任制的第一年。在全院职工团结协作、共同努力下，完成了目标责任书要求的工作和年初制订的其他任务指标；完成了敦煌壁画计算机存储与管理系统的实验和专家评估；完成了敦煌石窟崖体及附加构筑物抗震性研究的详细报告；对影响壁画保护的环境因素及环境质量标准的课题，进行了选点调研、取样分析、技术方案设计；完成了PS渗透加固土建筑遗址现场试验报告；完成了沙砾岩石窟岩体裂隙灌浆研究；在榆林窟进行了第6窟的起甲修复，完成了莫高窟152窟甬道北壁壁画和大泉河东岸一个塔窟中壁画的修复；安全保卫工作成绩突出，坚持了从严治警，狠抓了队伍建设，提高了防范力度，在加强人防、技防、犬防的同时，与院属11个部门签订了"安全防范责任书",确保了洞窟及其他文物的安全。敦煌研究院被评为1995年度"全国文化先进集体"。

1996年2月初,应日本东京文化财研究所之邀,父亲和樊锦诗、李最雄、李云鹤、段修业、李实、张拥军等赴日本奈良,参加关于保护敦煌莫高窟及相关研究的国际研讨会,展示了敦煌研究院与东京文化财研究所五年合作的研究成果。在研讨会上,父亲的演讲、论文和学术报告《莫高窟保存的历史》《敦煌莫高窟保护工作的历史回顾》《奈良与敦煌》受到与会各界人士的欢迎。让父亲欣慰和自豪的是,这一系列的学术交流活动,使中国敦煌学各领域的研究在敦煌故土上得到蓬勃发展,又在回归中带着丰硕的研究成果、迈着坚实的步伐重新走向和融入世界,和国外学者一道共同推动国际敦煌学向更高的境界攀登。

父亲还有一件心心念念的事,就是迫切希望流失海外的敦煌文物能早日回归故里。在接待中外专家学者、友好人士和传媒记者时,总不忘呼吁收藏有敦煌文物的国家和个人能将敦煌失散的文物完璧归赵。

多年的呼吁终有了回应,1997年初,日本的西川杏太郎给父亲写信说,有一位青山庆示先生,家中收藏有敦煌写卷八件,有意捐赠给敦煌。父亲非常高兴,认为这是敦煌文物回归故里的良好开端,便立即函告西川杏太郎先生,请他寄来八件文物的复印件。父亲看后,觉得基本上符合敦煌文献的特征。经遗书所、考古所李正宇等专家从文献内容、书法特色等方面鉴定，八件残卷全属真品，只是其中一件未看到原件纸质，略存疑虑。写卷的抄写年代都在宋代之前，大多为北朝抄本。欣喜之余，父亲即刻去信告知西川杏太郎和青山庆示先生，热切盼望青山庆示先生携卷到敦煌来，研究院非常感激，定当热情接待。

青山庆示先生回信说："敦煌研究院院长段文杰先生，拜读您的信，我万分高兴。此次，由于西川杏太郎先生的大力帮助，我向贵院捐献我父亲青山杉雨收藏的敦煌文物一事进展顺利，甚感欣喜。接到贵院爽快答应的回信，非常感谢。父亲去世后，我与母亲商量的结果，考虑到这些文物应该保存在它原来的地方。关于归还文物的地点和方式，我们自然按您的想法，带文物访问莫高窟。关于访问的日期，我想今年10月初比较合适。因为这是一件无比喜悦的事，所以想与父亲第一弟子成濑映山先生等10名书法家以及母亲、弟弟一同访问莫高窟。我与较熟悉的旅行社正在商量具体的日程安排，决定之后就马上跟您联系，请你们多多关照，谢谢。期待着和您以及贵院各位先生见面。最后祝您身体健康，并祝敦煌研究院日益繁荣。青山庆示1997年5月26日。"

10月8日，青山庆示一行20余人到达莫高窟。次日，研究院举行了隆重的捐赠仪式。青山庆示介绍了他返还敦煌文物的初衷和整个过程。父亲在讲话中称赞了青山庆示先生把他父亲、日本书法大师青山杉雨先生在旧书店重金收购，并珍藏多年的八件敦煌古文写本捐赠给敦煌研究院的友好行动，不仅在敦煌文物回归故里中起了带头作用，而且这八件写本就其内容来说，对进一步研究敦煌历史、敦煌佛教、敦煌艺术都具有极为重要的价值。

父亲再次表达了对青山庆示先生的谢意，并宣布："为了纪念敦煌莫高窟藏经洞发现100周年，敦煌研究院将于2000年举行敦煌学国际学术讨论会，在莫高窟三清宫原址建设敦煌藏经洞陈列馆，进行敦煌文物展览等一系列大规模的纪念活动。我们真诚地欢迎那些分散在海外各地的敦煌文物能集中在它的故里——敦煌莫高窟展出，届时让世人能目睹这些稀世之宝的完整风采，进一步推动敦煌学的繁荣。敦煌文物是中华民族的文化遗产，也是全人类的文化遗产，我们热忱地欢迎并感谢各国同行同我们一道来保护和研究。"之后，研究院在陈列中心展厅设置了展示青山庆示所捐文物的专柜，

2000年，段文杰（右四）参加敦煌藏经洞陈列馆揭幕仪式。

长期向中外游客展出。

1998年5月，敦煌研究院被建设部、国家文物局和中国联合国教科文组织全国委员会授予了"中国世界遗产保护管理先进单位"称号并受到表彰奖励。这是对自1987年被联合国教科文组织列入"世界文化遗产名录"以来，敦煌研究院贯彻"保护为主，抢救第一"的原则，坚持"保护、研究、弘扬"的方针，做了大量扎实有效的工作，进行了多次大规模危崖加固工程，修复了大面积的病害壁画和彩塑，以高科技手段进行环境监测，开展了工程固沙、生物固沙、化学固沙等方面的研究与实践，不断探索和努力建立最佳保护环境，在全方位、多层次、多形式的保护工作中，取得日常管理和保护制度化、科学化、规范化成果的肯定与褒奖，是全院职工获得的最高荣誉。

1980年父亲担任第一副所长时，就开始考虑培养人才的问题，这是关系到保护、研究、弘扬等方面后继有人、持续发展的大问题。限于当时的条件，只能在招聘、招工、调入的人员中，选送一些年轻人到国内外的外语学院、艺术学院和综合大学去学习进修。研究院建院后，随着中外文化交流的加强，父亲利用一切机会与国外友好人士，特别是日本文化界知名人士平山郁夫、圆城寺次郎等商议并达成共识，每年选派几名中年学者和青年学子，奔赴日本东京艺术大学、成城大学、神户大学等高校考察研修或攻读学位。

经院务会议讨论、研究，父亲先后推荐院内中青年研究

1988年，段文杰（二排左五）赴日访问期间专程看望在日留学的研究院中青年学者。

人员60多人次到国外考察研究和留学深造，他们都刻苦学习、努力进取，取得了优异的成绩，其中一些人还先后获得了博士学位。他们回来后都成为敦煌研究院保护、研究和管理、弘扬工作的中坚力量。有的在石窟文物科学保护方面卓有贡献，成为高水平的文物保护专家；有的在敦煌学有关研究领域中成果丰硕，成为知名学者；有的成为院所和部室的管理者，无私奉献；还有一批接待部年轻人从外语学院学成归来，能用不同国家的语言向中外游客作生动精彩的讲解，赢得了好评，还能在对外文化交流活动中担任翻译，为弘扬敦煌文化艺术发挥了特殊的作用。

可以说，父亲提出的引进研究人员和人才培养计划的实施，不但为敦煌研究院延揽了一批优秀的敦煌学者，也培养扶持了一批外语、美术、管理和文物保护方面的新生力量及新鲜血液，他们在研究院的各项工作中发挥了重要作用。在大家的努力下，敦煌学研究在学术方面已经扭转了落后的局面，以丰硕的成果跻身国际敦煌学研究的先进行列。石窟保护工作也通过各种举措，取得了优异的成绩，大踏步地迈向了科学化、现代化的新阶段、新征程。

第七章
殚精竭虑　拓展弘扬新空间

"莫高窟是我家，我的毕生精力都是为了保护研究弘扬它。敦煌艺术博大精深、辉煌灿烂，它是中国的，也是世界的。作为敦煌的守护者之一，我有责任尽自己的绵薄之力，让更多的人了解敦煌，认识敦煌。"

"弘扬"是20世纪80年代初由父亲主持制定的敦煌研究
院"保护、研究、弘扬"六字方针中的一项，指在保护研究
的基础上，通过各种研究专集、合集、全集的出版发行，通
过专业的学术期刊的刊发、介绍，通过敦煌艺术临品的不断
展出，通过"请进来""走出去"的各种学术交流活动，通过
各类借鉴敦煌艺术推陈出新的展演活动，通过对国内外游客
的接待讲解宣传，向国内外更多的群众和更广的范围，传扬
博大精深、辉煌灿烂的敦煌文化艺术，展现中华民族传统文
化的无限魅力和蓬勃生机，促进中华民族的精神文明与世界
各民族创造的精神文明和谐共存、交融互补，共同推动人类
社会物质文明和精神文明向更广更高的层次发展。

　　敦煌研究院接待部是对外交流的"重要窗口"，精通多种
语言的讲解员队伍的培养和组建，是敦煌研究院针对和适应
国内外旅游事业不断发展、游客日益增多的一项重要举措。
在改革开放的八九十年代，莫高窟接待了大量的中外游客，

1988年，段文杰与前来参观的外国民间访问团合影。

讲解员用他们娴熟的语言、精彩的讲解，向各类参观者、朝圣者生动讲述了敦煌艺术丰富的故事内容和高超绝妙的艺术表现，受到国内外观众的好评和赞赏。此外，莫高窟的讲解员也在敦煌研究院其他对外文化交流活动中担任译员，为弘扬敦煌艺术做出了重要贡献。

父亲在狠抓保护工作和学术研究的同时，并没有忽略敦煌艺术对外展出的相关交流活动。在他主持制订的"十年规划"和短期任务中，也有适时到国外举办敦煌艺术展的项目。20世纪80年代初期，父亲在会见较早到敦煌的日本成城大学教授上原和、枝川克子、东山健吾等学者和一些日本民间参观团成员时，就表达了希望敦煌艺术再度到日本展出的想法。在国家文物局的支持下，敦煌研究院与日本每日新闻社进行商谈，并签订了展览协议。改革开放后的第一次出国展览就在日本东京和另外五个城市进行。首展在高岛屋，这次展览规模大，内容精彩纷呈，参观者络绎不绝，赞不绝口。当天还举行了盛大的学术报告会。开幕式之后，代表团参观了日本文化古迹、博物馆、艺术馆和一些著名的寺院。在京都时，父亲受到日本创价学会名誉会长池田大作邀请，首次和池田大作会面，并畅谈了敦煌艺术，建立了友谊，从此开启了与创价学会的文化交流活动。

1983年2月，父亲率领"敦煌壁画展览"代表团赴法国巴黎参加学术活动，团员有史苇湘、施萍婷、李永宁。敦煌壁画临品展在法国自然博物馆举行，法国文化部负责人和中国驻法国大使馆负责人参加了开幕式。

1983年2月，段文杰率团在法国自然博物馆举办"敦煌壁画展览"并为开幕式剪彩。

这是敦煌壁画展在法国首次展出，吸引了很多法国民众的关注。展前及展览期间，巴黎地区众多知名报纸都作了详细介绍和报道评论。《世界报》说："展览的组织者在挑选展品时，不仅考虑到要让观众欣赏中国壁画的精美，还要看到敦煌壁画千年的发展。壁画中的历史故事、传说是以连环画的形式表现出来的，观众从中可以了解当时的宗教及宫廷生活。"《费加罗报》和《震旦报》以"首次在西方举办长达十个世纪的佛教艺术展览"为题，介绍了中国佛教、敦煌石窟及其艺术，称"敦煌是从沙漠中保全下来的博物馆"。还有《科学与娱乐》《回声报》《人道报》《法兰西晚报》《学术研究》《认识艺术》《新观察家》等十余家报刊，或详细介绍了

1983年2月，段文杰（前排右四）与史苇湘、施萍婷、李永宁赴法国参加圣加·波利亚克基金会举办的"法中敦煌学学术报告会"并作了敦煌艺术演讲。

展品内容及敦煌艺术，或报道了展览开幕的消息。

展览期间，父亲和史苇湘、施萍婷、李永宁还应邀参加了由法国圣加·波利亚克基金会主办的"法中敦煌学学术报告会"。父亲在报告会上作了《略论莫高窟249窟壁画内容和艺术》的演讲，对此窟壁画中中国古代神话人物及佛道两教的神界形象，共同出现在佛教洞窟中的现象进行了追根溯源的探讨，指出这是外来佛教为扎根中国土壤，与中国传统思想相结合，通过变通与改造来适应当时社会思潮和民族审美心理的具体反映，也是早期佛教中国化的特殊形式。史苇湘、施萍婷、李永宁也分别在报告会上宣讲了各自的研究成果。报告会上，中法两国学者各抒己见，气氛融洽。

父亲和几位同事在卢浮宫、凡尔赛宫等参观了法国和欧洲的各个流派的众多艺术家的杰作。其中有一位现代派画家鲁奥的作品引起了父亲的注意和思考，鲁奥的作品线条粗壮狂野，笔触泼辣豪放，令人想起莫高窟北凉、北魏的画风。一个活跃于20世纪前半叶的法国画家的画风和中国4世纪的敦煌壁画如此相似，这说明了西方画家在经历各种流派的发展演变之后所追求的那种原始的冲动，作者主观世界的自由抒发和任情宣泄，以及在具象造型方式和抽象造型方式上自由结合的表现技法，在一千多年前的中国敦煌壁画中已经有所表现。

其间父亲与同事们还到法国国家图书馆和吉美博物馆去查阅了流失在法国的敦煌藏经洞的文献资料及绢幡绘画作品，看见有一部分放在特制的箱子里，保存得很好，还有一部分没有整理，堆放在一起，令人思绪颇多。

1984年秋，由于研究工作的需要，父亲和关友惠、孙国璋、李云鹤乘坐司机张有保驾驶的越野车去新疆考察。父亲认为，对敦煌石窟艺术体系的研究，要将内部研究和外部比较相结合，也就是要把敦煌放在世界美术史、中国美术史和丝绸之路发展史的大范围中来分析与衡量。虽然在1975年，父亲曾和关友惠、马世长、潘玉闪、祁铎等人去过一次，但因新疆地域广阔，交通不便，那时也没有考察专用车辆，只是重点考察了吐鲁番地区和库车地区的一些石窟遗址。这次考察有专车随行，行程就比较快捷自如，又得到新疆维吾尔自治区有关部门的关照支持，沿途考察非常顺利。好多上次不方便去的古城遗址和古寺院遗址这次也都去到了，收获颇丰，对于从多角度的比较中来研究敦煌文化艺术很有意义。

从新疆返回敦煌，父亲又全身心投入到《中国美术全集》中《敦煌壁画》两卷、《敦煌彩塑》一卷的编撰工作中，这三卷画册将全面介绍敦煌艺术的风采。父亲组织研究院的专家们，从全部壁画和彩塑中进行了认真的筛选，把各时期最有代表性、艺术水平最高的作品汇集编撰起来。《敦煌壁画》上卷主要是北凉、北魏、西魏、北周和隋代时期的作品，下卷是唐代、五代、宋代、西夏和元代时期的作品。父亲为画册撰写了《敦煌壁画概述》和《敦煌早期壁画的风格特点和艺术成就》两篇文章。

1988年是非常繁忙的一年，工作头绪多，项目任务重。

父亲废寝忘食，夜以继日，还感到时间不够用。年初，甘肃人民出版社出版了父亲的石窟艺术研究论文集，其中含论文14篇，并配有图片。论文集所选文章虽然不是父亲所写论文的全部，但大体能看出父亲的研究脉络、范围和层面。年中有频繁的外事交流和接待外宾活动，还要在召开院务会议、研究部署各部门工作的同时，挤出时间亲自写书信与有关方面联系。如接洽平山郁夫率日本国际协力事业团访问敦煌，石川六郎率日本文化财保护振兴财团访问考察敦煌，圆城寺次郎、木村佑吉、东山健吾、松本和夫等组团访问敦煌，越智嘉代秋和越智美都江夫妇为其已故女儿越智佳织代捐文物保护款事宜，高田良信率团访问敦煌演出问题，还有安排研究院副院长率团访日进行环境保护科学研究考察事宜等，都需要父亲致函联络。对国内外的许多学者、专家、艺术家以及各方面友好人士的来信，内容涉及中外文化交流、援建项目、学术探讨、人才培养和中外友谊等问题，都要认真对待，及时回复。这些工作烦琐细碎，费时费力，基本都要在业余时间加班加点才能完成。

当年，敦煌研究院还与甘肃、宁夏、内蒙古等省区文博单位联合在日本举办了"中国敦煌、西夏王国展"的展出活动，并参加了在日本奈良举办的"奈良丝绸之路国际博览会"。

出版有关敦煌的研究文集和画册，是弘扬敦煌文化艺术的重要举措之一。父亲担任主编的《中国美术全集》中与敦煌相关的三卷画册已经由上海人民美术出版社出版。紧接着父亲又担任了《中国美术分类全集》中《中国敦煌壁画全集》十卷本的总编。十卷本的规模要比三卷本大很多，目的是为了更全面地介绍敦煌壁画艺术。父亲根据敦煌各时代壁画的质量和数量，划分了十卷本的内容。第一卷是北凉、北魏壁画，第二卷是西魏壁画，第三卷是北周壁画，第四卷是隋代壁画，第五卷是初唐壁画，第六卷是盛唐壁画，第七卷是中唐壁画，第八卷是晚唐壁画，第九卷是五代与宋代壁画，第十卷是西夏和元代壁画。（后又出第十一卷，是麦积山石窟与炳灵寺石窟的相关壁画。）父亲为隋代卷写了《融合中西成一家——莫高窟隋代壁画研究》，为初唐卷写了"创新以代雄——敦煌石窟初唐壁画概观"两篇文章，其他各卷则由院内研究人员撰写。这套十卷本编撰完成后，陆续由天津人民

1990年4月，段文杰向前来莫高窟参观的泰国公主诗琳通赠送《敦煌》画册。

美术出版社和辽宁人民美术出版社出版。

1990年，泰国公主诗琳通到甘肃访问，父亲接到省里通知，到兰州参加由贾志杰省长举行的欢迎宴会，并和省政府陈绮玲秘书长全程陪同公主一行，沿丝绸之路西行到敦煌。到莫高窟后，父亲又陪同公主参观洞窟并讲解。泰国是一个崇尚佛教的国家，公主一行对莫高窟艺术很感兴趣，观看很认真。诗琳通离开敦煌之后去新疆参观，临别时她告诉父亲，回泰国后要写一本书把这次丝路之行的经历和观感记录下来。后来她果然写了一本书，叙述了这次丝路之行的体会和观感，其中敦煌是书中的重要章节。

父亲还陪同过新加坡总理李光耀参观洞窟，接待并会见了来访的许多国家的学者、专家和艺术家。

1990年10月，段文杰陪同新加坡总理李光耀参观莫高窟。

1990年7月，印度驻华大使任嘉德夫妇访问甘肃，到敦煌参观，与父亲谈起中印双方开展石窟文物保护和佛教文化交流的合作意向。不久，印度驻华使馆二秘钱伟伦代表印度英迪拉·甘地国家艺术中心，通过中国国家文物局外事处陈淑杰同志邀请父亲和史苇湘、杜永卫、赵俊荣在适当的时候访问印度。

7月底，又有联合国教科文组织"丝绸之路"综合研究考察团抵达敦煌，父亲陪同考察团参观洞窟，并考察了莫高窟的周边环境。8月1日，在院会议室开会座谈，就有关丝绸之路的各种内容与研究院有关专家进行交流。晚上考察团又请父亲和李永宁、贺世哲、关友惠、杨雄到敦煌宾馆继续举行小型座谈会。美国奥克兰大学教授查理·斯坦姆普斯问父亲："敦煌研究院需要联合国教科文组织提供什么帮助？"父亲提出三点希望："第一，旅游开放和洞窟保护之间的矛盾，这方面还要认真解决。第二，我们要了解附近飞机场过往飞机经过的震感，需要精密探测仪器和检测技术支持。第三，希望联合国教科文组织援助并支持我院沿丝绸之路特别是对印度和巴基斯坦等国进行实地考察活动。"查理·斯坦姆普斯教授和考察团领队丹尼教授、联合国教科文组织的迪安先生以及中国专家贾学谦、张文阁、郑韵等也就此谈了一些自己的感想和建议。

1990年11月22—28日，应邵逸夫先生邀请，父亲和院办公室主任狄会忠前往香港访问。一是看望邵先生并征求他对莫高窟文物保护的意见。二是与新华社香港分社商谈到香港举办敦煌艺术展览事宜。三是应邀到香港中华文化中心讲演。此外，父亲还与著名学者饶宗颐先生会面交谈。经香港分社副社长毛钧年联系，新华社香港分社社长周南会见了父亲等人。周南曾陪同驻华七十国大使到敦煌参观过，对敦煌艺术倍加赞赏，对在香港举办展览非常关心和支持，并介绍香港东方药师宫总裁张宇与父亲协商。张先生表示愿意承担在香港举办展览的所需费用，打算在1991年访问敦煌时作进一步商谈。其间应中华文化中心邀请，父亲作了有关敦煌艺术的讲演，并就该中心拟于1991年6—9月组织香港文化旅游团，赴敦煌参观访问事宜进行了意向商谈。父亲表示一定做好接待工作，使香港同胞更多地了解祖国灿烂的民族文化艺术。

1990年11月，段文杰访问香港时与饶宗颐在书房中交谈。

1990年12月，父亲应邀赴日本代表敦煌研究院与东京文化财研究所签订了莫高窟194窟和53窟合作协议书。与池田大作先生会面，畅谈敦煌艺术。这是他第八次与池田大作谈论敦煌艺术。两人就敦煌佛教艺术"以民为本"的创作思想和根本目的、敦煌画工艰苦卓绝的创造精神、中西绘画艺术的不同表现、丝绸之路上的传说逸事、敦煌研究院的人才培养和持续发展、呼吁敦煌文物回归故里等，进行了亲切友好的交谈。这次谈话在《圣教新闻》上全文发表。日本东京富士美术馆举行仪式，授予父亲东京富士美术馆最高荣誉奖。

早在1987年底，甘肃省科学技术协会就与敦煌研究院商议，准备合作筹备一个反映中国古代科学技术的敦煌艺术展览，到日本、美国及欧洲诸国展出，也可以作为海峡两岸科技文化交流的第一批使者申请赴台展出。父亲认为敦煌文化艺术遗产中，的确有不少古代科技方面的内容和图像，如印刷术、医疗卫生、天文地理、工艺技术、农业、纺织刺绣、海陆交通工具、建筑和军事装备等。举办一次敦煌古代科技展览，也是一次敦煌石窟艺术展览，对推动海内外学术艺术交流是很有意义的。随即共同拟定了一个"中国敦煌古代科技展览"大纲，并对各项工作进度作了安排，此想法得到甘肃省委和中国科学技术协会的同意。省科协和敦煌研究院一边准备展品，一边与海外联系，寻求合作办展的国家和地区。

当时美国洛杉矶的长城国际贸易有限公司总经理胡嘉华小姐对此项展览很有兴趣，她征得长城公司董事长袁陶仁的支持，积极主动地联系在美国和中国台湾地区举办展览事宜，初步达成了到美国展出的协议。后来长城公司根据当时的国际形势和展览场地方面的问题，为减少双方经济损失，提议先到中国台湾地区展出，这样比先在美国展出效果要好。为此，胡小姐两次专程到台湾进行联络，最终与台湾佛光山、台湾爱心会及大洋洲文化经济协会达成了联合举办"中国敦煌古代科技展览"的协议。1991年12月3日至1992年3月5日在高雄佛光山的展出结束后，又于6月25日转移至台北士林区至善路中影文化城展出。展出很成功，备受佳评，参观者络绎不绝。

1992年9月25日，父亲和中国科协秘书长王治国等参加了由台北主办单位举行的"中国敦煌古代科技展览"一百天纪念活动。两岸人士对此次展览给予了极高的评价。陈立夫现场题写了"敦煌精华在宝岛""创造最乐"，并给父亲赠送了一幅题字"两种文化之交流，以艺术为最易，如艺术中带有宗教意味，其影响更易深入。段文杰先生雅正，陈立夫时年九十三"。蒋纬国也为展览题写了"有古有今，有今有来"的书法条幅。

9月27日，父亲和李正宇、梁尉英去看望了台湾著名敦煌学者潘重规先生，对他在敦煌学研究方面的贡献表示钦佩，并转达了敦煌研究院授予他名誉研究员的决定。

28日上午，父亲会见了圣严法师，圣严和佛光山的星云法师一样，是当时台湾佛教界很有影响的人物，在佛学方面

1992年9月，段文杰（左二）和李正宇、梁尉英在台湾中国文化大学访问，与台湾著名学者潘重规、金荣华探讨敦煌学研究。

造诣极深，还创办了佛学研究所。

9月29日，应台湾汉学研究中心主任曾济群先生之邀，父亲赴台北市中山南路的"中央图书馆"参加由汉学研究中心、大洋洲文化经济协会和中国科技协会共同举办的"敦煌学学术座谈会"。会上，父亲见到林聪明和金荣华教授，表达了自己因故未能参加1990年台湾第二届敦煌学国际研讨会的遗憾，同时感谢他们当时的热情相邀。讨论会开始，首先举行颁证仪式，父亲代表敦煌研究院授予潘重规先生名誉研究员证书。上午的学术讨论由潘重规先生主持，父亲第一个演讲，题目是《唐僧取经图研究》。他对近年在榆林窟和东千佛洞发现的六幅唐僧取经图的画面内容、艺术手法、人物形象塑造以及这几幅图出现在当时瓜州地区石窟中的原因、背景进行了阐述。众多学者随之发表演讲，演讲结束后，在金荣华教授主持下，大家进行了综合讨论，与会学者谈得热烈尽兴，大家各抒己见，共同切磋，各取所长，都有收获。这是海峡两岸学者一次非常愉快、有益且成功的合作。在静园晚宴时，大家还兴致勃勃地继续交谈，对进一步发展敦煌学研究提出了很多建设性意见。

9月30日上午，父亲等人参观了台北故宫博物院，博物院内各类文物相当丰富，使人大开眼界。下午参观了张大千纪念馆"摩耶精舍"，这是坐落在双溪畔的一座园林，是张大千的生前居所。这里溪水潺潺，花木葱郁，庭院的水池中各色鱼儿游戏清波，怡然动态令人惬意。画室案桌旁有张大千执笔凝思的蜡像，生动逼真。张大千在离开敦煌后，创作了大量的水墨荷花和泼彩山水画，由此可见，敦煌壁画中的韵律感和对丰富斑斓色彩的运用，对张大千的创作是有一定影响的。当然他的泼彩山水，也是对东西方色彩的结合创造。他是一位既有浪漫情怀又有创新精神的画家。

当晚蒋纬国先生在中国饭店宴请大家。蒋先生是这次展览会台北主办方之一的台海爱心会的召集人，非常支持此次展览。10月1日上午，父亲应金荣华教授之邀访问中国文化大学，在中文研究所和中文系作讲演，介绍了敦煌研究院在保护和研究方面的进展情况。下午到丁中江先生家拜访，并向他赠送了《敦煌》画册和研究文集。告别宴会之前，主办方还请他们游览了阳明山公园和台北市区，自是与大西北迥然不同的风光。

在台期间，父亲抽空与原国立艺专的老同学刘予迪、张光宾、林圣扬、杨蒙中、何明绩、王修功等相聚。其中王修功是甘肃籍的，比父亲要晚几年入校。几十年没有见面，彼此几乎都认不出来了，但大家的身体和精神状态都还好。言谈中得知大家都还从事着艺术专业，父亲很高兴。虽时光荏苒，但当年老师和同学们的逸事仍历历在目。和老同学聚餐并拍照留念后，父亲依依不舍地与之别过。隔山隔海，不知何时再能相聚。

台湾之行令人难忘，展览效果出奇之好。台湾各大媒体多次对展览进行了报道，对知名人士参观现场的报道特别醒

段文杰（左三）与原国立艺专老同学刘予迪、林圣扬、邓贵珠、蔡安蒂合影。

目。大陆随展艺术家的技艺表演令人称奇，敦煌学讨论会的热点突出。父亲他们从现场展览的直观感受中，和台湾各大媒体铺天盖地的宣传里，感受到了同祖同宗的台湾同胞对中华民族传统文化的认同，对大陆同胞的热情友好以及对和平统一的向往。

印度是佛教诞生地，去那里考察是对敦煌石窟探源和扩展研究的需要，也是对外文化交流的需要。早在印度驻华大使任嘉德到敦煌来参观时，父亲就和他谈起过中印两国开展文化交流的问题，谈到过派人到印度学习梵文和举办敦煌艺术展览及学术讨论等项目。任大使非常支持，回去后派钱伟伦二秘具体联系。父亲也给印度尼赫鲁大学的一位敦煌学者谭中教授写信，请他帮忙联系印方的合作单位，谭教授联系好了英迪拉·甘地国家艺术中心，并将中心通讯地址和负责人联系方式传递过来。

父亲在与英迪拉·甘地国家艺术中心联系的同时，也向甘肃省相关领导机关和文化部国家文物局请示报告，寻求支持。不久，文化部决定将敦煌研究院与印度英迪拉·甘地国家艺术中心之间交换材料、学者互访、派遣留学生、举办敦煌艺术展览和学术讨论会等项目，纳入1991年与印度政府签订的文化协定中。得到上级批准后，院里就开始紧锣密鼓地落实项目。上半年由樊锦诗副院长到北京与印度驻华使馆协商，落实了各项内容的具体安排。7月，研究院推荐的两名青年学者杨富学、李崇峰赴印度德里大学学习梵文和石窟考古，学期两年；11月，派美术所杜永卫和赵俊荣赴印度护送展品，父亲和史苇湘赴印度考察访问，参加学术讨论会。

11月24日凌晨，父亲和史苇湘从首都机场乘飞机经由香港转飞新德里。中国驻印度大使馆文化参赞马雅光和文化部外联局的小田到机场迎候，并帮他们办好了入境手续。只是取行李时发生了小意外，丢失了父亲的一个行李箱，里面有敦煌艺术录像带、幻灯片、画册、胶卷等，都是参加学术会议必须要用的，父亲很着急。马参赞立即去机场交涉，在机场外等候的谭中教授也进来帮忙。但寻找未果，大家只好先行离开，由机场继续寻找。几天后行李箱找回来了，原来是有人拿错了，发现不是自己的箱子后就送回了机场，箱锁虽然损坏了，东西倒没丢，是一段有惊无险的小插曲。

由英迪拉·甘地国家艺术中心、印度文物管理考古研究所、印度国立博物馆主办的"中印石窟艺术学术讨论会"开幕式在博物馆中心举行，与会学者50多人，其中印度学者20多人，还有一些是俄、法、德等国的专家学者。中国驻印度大使馆文化参赞马雅光也列席了会议。英迪拉·甘地国家艺术中心的瓦兹娅女士致欢迎词，父亲和印度专家德什班德先生致开幕词。

上午的学术讨论会议由谭中教授和约什先生主持，安排父亲第一个发言，题目是《敦煌石窟艺术的特点》，父亲讲了十个问题：一、敦煌石窟的中国特色。二、从印度飞天到中国飞仙。三、菩萨的女性化。四、供养人画像是中国特有的

1991年11月，段文杰（左一）在印度英拉迪·甘地国家艺术中心、印度文物管理考古研究所和印度国立博物馆举办的"中印石窟艺术学术讨论会"上致开幕词。

肖像画。五、大乘经变的王国。六、音乐舞蹈的宝库。七、敦煌石窟艺术与信仰思想。八、中印壁画艺术技法交流。九、释、道、儒三家思想的大融合。十、中西石窟艺术的交汇点。下午的讨论会由父亲、德什班德和瓦兹娅主持，几位印度和外国学者发言。史苇湘在发言中讲了敦煌艺术的技法与风格。

第二天，父亲和史苇湘利用午休时间参观了国立博物馆，浏览了一些新疆壁画残片和敦煌绢画。印度前总理拉吉夫·甘地的意大利夫人也来到会场看望与会的专家学者，虽然没有讲话，但很认真地听了学者们的发言。最后一天，讨论会的重点转到石窟保护问题上，也涉及临摹问题。各国学者都发表了一些看法，发言踊跃，气氛热烈。父亲也向大家介绍

段文杰（左二）和史苇湘一同参加"中印石窟艺术学术讨论会"。

了敦煌石窟的保护工作和临摹工作，还穿插回答了一些学者提出的有关敦煌石窟的问题。

闭幕式上，卡皮拉·瓦兹娅作了总结报告，印度副总统桑卡尔·达雅尔·萨尔玛博士致闭幕词，他回顾了古代中印文化交流的盛况，同时祝愿中印文化交流顺利发展。父亲也在闭幕式上讲话，对会议的成功召开表示祝贺，对副总统与会感到荣幸，希望在座的各位继续推动中印文化交流向前发展。

晚上的专题讲座是里博德夫人的《敦煌石窟中出现的礼仪与祝愿织物的重要性》报告，有一些新见地。在馆长萨尔玛的陪同下，父亲他们分几次参观了德里博物馆的藏品，有

段文杰（左三）与印度国立博物馆馆长萨尔玛交谈。

黑城出土的西夏文物，还有斯坦因从藏经洞拿走的敦煌绢画。许多是残片，但其中有一幅非常珍贵的作品，即50016号杨枝观音，观音神态生动，线描流畅，色彩渲染技巧高超。绢画中的佛传故事画，内容很丰富。还有一些墨笔画稿，人物、山水都有，韵味十足。黑城文物中的版画不少，线条挺拔有力，是难得的版画精品。因时间紧迫，藏品多，当时不能仔细观摩，经萨尔玛馆长同意，父亲委托在德里大学学习的李崇峰抽时间拍照留资料。

等候壁画开展的日子里，在谭中夫妇、鲁巴和一位王老师的陪同下，父亲和史苇湘、杨富学、李崇峰、杜永卫、赵俊荣还参观了莫卧儿王朝第二位帝王王妃墓、大同教的巴哈伊教灵曦堂、新德里博物馆的印度教雕刻、15世纪阿拉伯式王宫建筑红堡以及德里大学佛学系。在瓦拉纳西城，贝蒂娜

段文杰（左三）与研究院杨富学、杜永卫、史苇湘、赵俊荣、李崇峰在印度德里大学中央博物馆前合影。

博士陪同父亲他们乘船游恒河。恒河是印度文化的诞生之地，释迦传播佛教时讲的许多故事都与恒河有关，九色鹿救溺人的故事据说也是发生在恒河。恒河两岸有许多古建筑，比如王宫、佛寺、印度教庙、耆那教石窟、伊斯兰清真寺等，从这些建筑遗存尚可感受到古老文化的积淀。河中有许多印度民众，男男女女在沐浴、洗衣，还看到几个白衣男子在岸边空地上料理荼毗，就是佛经上说的香木荼毗，也就是人尸火焚。这块场地后面耸立着一排排高楼，里面都住着上了年纪的老人，意思是等待上天堂。这令父亲联想到敦煌壁画中送老人入住墓茔的画面，原来老人等候升天是印度风俗，由此可见佛教对中国艺术影响之深。

在贝蒂娜博士的安排下，父亲他们又参观了印度教寺庙和一座笈多王朝时代的庙宇。这座庙宇是一座尖顶塔，塔的三面造有不少小龛，刻了许多印度教诸神。另一面有门，内有一窟有雕刻，门侧有各种河神，窟内地面供林加，还有一身两性雕像，大约是性力派所造。印度笈多王朝存在时间较长，父亲推断这座庙宇大概建造于中国的唐宋年间。返回途中，父亲还看到很多印度民众的生活场景，看到许多牛在街道上从容不迫、目中无人地悠闲行走，所到之处人们纷纷避让。这就是神牛，也是印度一大风俗。

瓦拉纳西城的印度教大学是一所非宗教的综合性大学，各种院系都有。大学博物馆馆长陪父亲一行观看了博物馆的印度教雕刻，大多是湿婆神、毗湿奴、日神、恒河女神和一些佛教浮雕，有些艺术水平很高。在与学校的学者教授见面座谈时，父亲向他们介绍了敦煌石窟的保护研究情况，还为他们播放、讲解了32张敦煌艺术幻灯片，并邀请他们参加1994年敦煌研究院五十周年纪念学术会。学者们很高兴，表示要继续促进中印文化交流。

印度教大学美术史系的一位教授主动陪父亲一行参观鹿野苑，这是一处很大的寺院遗址。它的主体是笈多王朝晚期的一座大塔，气势雄伟。唐玄奘曾在此修过佛典。遗址中还有很多座塔，上面有阿育王时代的雕刻，极为珍贵。鹿野苑博物馆内藏有阿育王石柱，上面刻有铭文，第一句话是：如有破坏石柱者杀。石柱狮子柱头雄伟，雕刻技艺高超。湿婆神是被佛教所接纳的，所以一些湿婆神头上刻有小佛像。父亲问：湿婆神进入佛教，他的神功是否有变？教授答：一切依旧，只是多用他善良的一面。鹿野苑藏品不少且风格多样，有早期佛教的本土朴实风格，有受希腊影响的犍陀罗风格，还有笈多王朝的印度民族风格。

返回德里艺术中心后，父亲得知敦煌展被推迟，便让相关工作人员留下来清点展品，办理移交，其余人则抓紧时间到孟买考察。在象岛，登上300级石阶才到达窟区，共有七个洞窟，窟里每一铺雕像都以湿婆神为主体，结构自由活泼，层次巧妙深邃。其中有一身男女结合一体像，湿婆左半为女像，突出乳房，右半为男像，突出男根。两侧附窟均为湿婆事迹，它与佛教不同的是世俗性强。人物造像身姿不论男女都呈S形，这种动态，对敦煌的佛教雕像和壁画人物体姿有一定影响。

在奥兰加巴德，父亲他们参观了一座伊斯兰陵墓，陵墓规模巨大，是莫卧儿王朝的杰作。西印度有一百多个石窟群，两千多个石窟。奥兰加巴德石窟分山前山后两部分，都在山上，年轻人攀登都不容易，何况父亲已70多岁高龄，比较吃力。但他认为，这次来就是要看石窟，多困难也得上去。第二窟不大，主窟内坐佛转法轮印，观音头上有化佛，有龙王持莲以侍观音。门外四柱，多圆环珠纹，受波斯影响明显。第四窟廊柱圆拱顶，下有塔，廊柱上一周有天宫楼阁，但有阁无人。此窟为2世纪建造。第三窟为5世纪建造，主窟内佛像两侧有跪像六七人，长跪合掌，均为不同民族不同国家的人物造像。第七窟形制也很特殊，主窟佛像两侧有舞乐人物和文殊普贤形象，门外左侧为救度母，右为文殊菩萨。第六窟是佛教内容，第八窟是印度教内容。

次日，父亲他们又赶往阿旃陀石窟，这是他们此行考察的重点。阿旃陀石窟规模巨大，一个洞窟的大小相当于敦煌石窟的几个大，且石质坚硬，修建不易。这里由石窟保管考古研究所管理，所内员工110人，各有分工。石窟的灯光管理很好，有的地方看主佛，从三个角度施光，可见佛像三种不同表情，颇有神秘感。用时三个多小时，父亲他们马不停蹄地跑完了整个窟区，观览了29个洞窟。父亲对考察研究工作向来非常认真，无论是过去临摹壁画，还是进行学术研究，都很严谨。他习惯看书时查资料、做卡片，处理公务时留存记录，写日记也是他常年坚持的习惯。这次到印度考察，时间紧且工作内容多，全靠他利用休息时间和晚睡早起，才顺利完成。他每天还详细记载当天的考察心得。

我每每翻看父亲的日记、资料卡片和工作笔记都敬佩和感动不已。在考察阿旃陀期间，他在笔记中这样叙述：阿旃陀雕刻和壁画的内容相当丰富，里面还有许多东西未经研究和发表，留下的问题很多。如洞窟建造的年代问题，因为没有纪元题字，说法不一。由于壁画破损严重，有的形象和内容也不易弄清。还有印度教和佛教的关系也存在一些疑问。壁画主要集中在9、10、16、17、19、1、2、26等洞窟中，大体上分三个时期，第一期大约在3—5世纪，题材多为佛传故事，技法洗练，风格典雅，富有抒情性。第9、10窟为其代表。第二期大约在6世纪，题材还是以佛传故事为主，但构图宏大，人物众多，形象生动，色彩艳丽，笔法灵活流畅。第16、17、19洞窟为其代表。杰出的作品有"佛传故事画廊""奏乐图""难陀出家""美人对镜梳妆图"等。第三期大约在7世纪，这一时期的壁画最为精致，第1—5窟、第21—26窟都属这一时期。壁画题材多样，佛本生、佛传和经变故事均有表现。著名的有"持莲菩萨""酒宴图""灌顶图""降魔变"等。阿旃陀石窟以壁画为主，其建筑和雕刻也很精致，但不及壁画影响大。在壁画里不仅表现了宗教题材，世俗社会生活也是其创作的重要内容。宫廷生活、山林田园、风俗小景、战争场面、音乐舞蹈、骑象出行、乘船出海都得到反映。所以它不仅有艺术价值，也有历史价值，对东方各国的佛教艺术有重大影响。

父亲在观看阿旃陀壁画时，将其与敦煌壁画作了比较，发现一些不同之处。如在洞窟形制方面，阿旃陀多为马蹄形廊柱大殿，而敦煌早期为中心柱窟和多层楼阁或塔，汉式阙形龛，倒斗顶殿窟，窟顶华盖式藻井。唐代设须弥坛、背屏、围栏等，更具宫殿式。在飞天的造型上，阿旃陀为天歌神、天乐神头顶圆光，身托云彩。敦煌早期为西域式飞天与羽人结合成飞仙，头无圆光，继而天宫伎乐与飞仙结合，千姿百态，成群结队。唐代飞天则是霓裳曳长巾，舒卷飘逸，升空飞行。敦煌菩萨经男性化到女性化的转变，阿旃陀则无此过程。敦煌石窟中有大量供养人画像，其中不少是等身大像、超身大像，这是敦煌壁画中特有的肖像画，而阿旃陀则少有供养人画像和题名。敦煌是大乘经变画的王国，而阿旃陀除7世纪有过降魔变外，无其他大型经变画。敦煌壁画中音乐舞蹈表演场面多，阵容强大，形成了一个庞大的乐舞体系，阿旃陀则无此丰富场面。敦煌壁画中观音经变出现，反映了儒家入世思想渗入佛教。敦煌壁画创作证明，敦煌是东西文化的交汇点，阿旃陀则不具备此特点。绘画技法方面，对人物立体感的表现，阿旃陀主要用明暗衬托法，而敦煌主要用层次晕染法。阿旃陀人物裸体形象较多，男性肩宽腰壮，强健有力；女性则丰乳大臀，眼大唇厚。敦煌裸体较少，多是裙袍裹体。男性敦厚庄严，形神并重；女性目长颐丰，圆柔丰润。阿旃陀线描少变化，而敦煌线描丰富多变，勾勒精湛。当然，这都是一些直观的比较，两者更深层次的异同还须深入分析。

此后，父亲一行还前往埃洛拉石窟群，参观考察了其中佛教、印度教和耆那教的几个最有代表性的洞窟，收获颇丰。

12月20日，敦煌壁画展在印度开幕，中国驻印度大使馆马参赞和使馆全体人员均出席画展。父亲应邀在开幕式上讲话，介绍了敦煌壁画的历史、艺术价值和中印石窟文化交流的历史，并陪同大使馆的工作人员观看展览。虽然在印度海关查验时，几幅展品不慎被划伤，但并没有影响展出时间和效果，展览非常成功。在考察了马图拉博物馆、阿格拉的泰姬·玛哈拉陵墓后，父亲又与瓦兹娅、谭中座谈，就印度学者访问中国、双方交换资料、合作出书、邀请印度学者参加敦煌研究院五十周年纪念学术讨论会等问题交换了意见。瓦兹娅还再次对展品受损问题向中方道歉，并保证展品在展览结束后会被安全交回中方。至此，在印文化交流的三个项目（研讨会、展览、考察）全部按计划完成，回国后父亲即向文化部和国家文物局相关领导作了汇报。

12月31日，父亲和史苇湘返回敦煌途中，在兰州参加了甘肃省敦煌学会成立大会。父亲被推举为会长，名誉会长为吴坚。姚文仓、于中正、樊锦诗、李永宁、齐陈骏、颜廷亮、强宗恕、周丕显等人为副会长。父亲向与会者汇报了这次访问印度的情况。

父亲对出版工作非常重视，认为这是弘扬敦煌文化艺术工作中的一个重要环节，也是推动敦煌学研究的有效措施。从1980年主持敦煌文物研究所工作开始，他抓住中国文物出版社和日本平凡社合出《中国石窟·敦煌莫高窟》五卷本图册编辑出版之机，组织全所研究人员积极投入到这五卷本图册及论文撰写、内容选编、图片摄影和图版说明的工作中。他自己更是晚睡早起、夜以继日地工作，撰写论文，并参加到图版说明的编写当中。所里研究人员史苇湘、孙儒僩、樊锦诗、贺世哲、施萍婷、马世长、关友惠等也都积极投入这项工作中，付出了心力，保证了图书在原定的时间内陆续出版。

在这之后，又编辑出版了由敦煌文物研究所研究人员撰写的第一部《敦煌研究文集》，创办了《敦煌研究》学术期刊，还与各大出版社联系，逐步推出了多批画册合集或专集及大批高质量的论文。这些成果，对开展学术研究、弘扬敦煌文化艺术起到了重要作用。

1991年，全国首届美术图书奖揭晓，敦煌研究院编著的多种图书获奖，其中《中国石窟·敦煌莫高窟》获得特别奖，《中国美术全集》中的《敦煌壁画》两卷、《敦煌彩塑》一卷获金奖，《中国美术分类全集》中的《中国敦煌壁画全集》十卷本获金奖，综合性图录专集《敦煌》获银奖，"石窟鉴赏丛书"第一册获铜奖，《1987年敦煌石窟国际讨论会文集》获铜奖。这些出版物的发行，凝聚着全体研究人员的辛勤劳动，而作为这些出版物的倡导者、组织者和参与撰稿者的父亲，更是付出了大量的精力和心血。

1992年初，由敦煌研究院与江苏美术出版社合作编辑出版、父亲担任主编的《敦煌石窟艺术》三十卷本大型图册开始了规划和编辑组织工作（最终出版了二十二卷）。此后，父亲又与香港商务印书馆总编陈万雄多次接触和商定，签署了编辑出版《敦煌石窟全集》二十六卷本的合作协议书。在与江苏古籍出版社合作出版《敦煌壁画摹本珍藏本》的基础上，继续进行《敦煌研究院藏敦煌遗书》《敦煌图案》《敦煌摹本选集》的编辑出版合作。《敦煌研究》因其多年连续发表国内外敦煌学者的高质量论文而被评为甘肃省优秀期刊、全国优

1996年，段文杰（左三）与香港商务印书馆总编陈万雄签订《敦煌石窟全集》合作协议。

秀期刊和社科类核心期刊。

　　1992年，受美国《国家地理》杂志社、哈佛大学、宾夕法尼亚大学和盖蒂文物保护研究所等的邀请，父亲和保护研究所所长李最雄到美国商谈科学保护合作事宜并讲学。在华盛顿，父亲他们与《国家地理》杂志社的罗杰先生商谈关于运用美方先进地质探测仪器对莫高窟窟区全面探测，寻找砂崖后或沙堆下隐藏的洞窟的问题。这是美国著名学者许倬云教授给父亲提出的建议，敦煌研究院征得上级同意后，专门就此事来美商谈。父亲说明了中方的原则：一、探测行动必须确保洞窟壁画塑像等文物不受任何伤害。二、必须在中方政府允许的范围内探测，费用由美方承担。美方表示理解，并愿意继续联系并作进一步商谈。

其间，父亲和李最雄还在他们的实验场地观察了探测仪器实验，参观了华盛顿的一些博物馆。在沙可乐美术馆馆长和亚洲部负责人苏博士陪同下，父亲对公众作演讲，题目是《敦煌壁画中的玄奘取经图研究并兼谈历史、传说、文学和艺术的关系》。

在纽约，父亲和李最雄由研究院派出在哈佛大学读博士的宁强、在美国学习的中国留学生梁敬贤陪同，参观了位于纽约第五大道80街至84街的大都会博物馆，会见了博物馆亚洲部负责人屈志仁先生，并在他的关照下参观了一些馆藏文物。屈志仁介绍说，大都会博物馆是西半球最大的艺术博物馆，占地面积140万平方英尺，收藏着来自世界各地包括从史前时期到现代的两百多万件艺术品，所有的藏品分属19个管理部门。馆内藏有丰富的欧洲绘画，中世纪的艺术与建筑以及文艺复兴时期至20世纪的版画、摄影、素描、服饰、乐器、装饰艺术品等。馆内保存的美国艺术品相当完备，特别是还收藏有广泛的亚洲艺术品和伊斯兰艺术品、非洲和大洋洲的艺术品、南北美洲的土著艺术品。还有一座修道院分馆，主要收藏的是中世纪艺术品。因时间关系，父亲重点参观了亚洲部分的艺术品，其他部分只能走马观花。

在波士顿，父亲经哈佛大学巫鸿教授安排，在艺术系作了几次学术报告，主要有《敦煌壁画中的玄奘取经图研究》《供养人与石窟》《敦煌图案与壁画的装饰性风格》几个论题。除了哈佛大学，父亲还为耶鲁大学、匹兹堡大学、宾夕法尼

1992年4月，段文杰在美国哈佛大学博物馆查看被华尔纳盗去的敦煌唐代彩塑和壁画。

亚大学、斯坦福大学、史密斯学院等作了几场讲演，题为《敦煌与敦煌艺术》《敦煌图案与壁画的装饰特色》《中印石窟艺术的比较研究》等。

在讲学间隙，父亲还会见了许倬云、张光直、马利琳等一些美国学者和教授以及钟美梨、海蔚蓝等热心人士。东海岸的讲学和交流活动结束后，父亲和李最雄又在西海岸的洛杉矶，会见了美国盖蒂文物保护研究所的所长威廉姆斯先生和文物保护专家科索、阿格纽等人，商谈了建立敦煌研究院和盖蒂文物保护研究所合作保护敦煌文物的有关事项并建立了联系机制。在伯克利大学作了一次演讲，还会见了美国长城贸易公司的胡嘉华小姐。1990年4月，胡小姐曾到敦煌访

1993年10月，段文杰（前排左四）会见美国盖蒂文物保护研究所相关专家。

问，并为"中国敦煌古代科技展览"在美国、中国大陆以及中国台湾地区三地之间奔走联络，这次刚从高雄返美。

由于父亲眼睛的白内障已经影响到视力，一些华人朋友帮助父亲约了一位眼科医生，置换了人工晶体，手术很成功，但一次只能做一只眼睛，回国后过了一段时间，父亲又在同仁医院做了另一只眼睛的手术，两只眼睛都清晰明亮了许多，工作起来更顺手了。

1992年上半年，敦煌研究院音乐舞蹈研究室的庄壮、郑汝中的敦煌壁画乐器仿制研究项目通过了省部级成果鉴定，父亲向他们表示祝贺。这不仅是科技研制，也是弘扬文化艺术、扩展壁画研究的重要步骤。1993年10月，新加坡民间艺术考察团在新闻及艺术部高级政务次长何家良带领下到莫高窟参观考察，还向研究院表示了在新加坡举行敦煌壁画展览的意向。

为了进一步摸清中国佛教艺术特色，1992年底，父亲带领几位年轻的研究人员张元林、刘永增、梅林等，前往四川考察石窟艺术，沿途考察了广元的皇泽寺造像和千佛崖雕刻，经成都至乐山考察了麻濠及乐山大佛、大足石刻、安岳石窟、巴中水宁寺和千佛岩石窟遗迹，对四川的佛教遗迹和佛教艺术有了一个更全面的了解。其间，父亲还应邀参加了四川省社会科学院举办的讲座和重庆大足石刻研讨会。

从四川返回敦煌不久，父亲忽然感觉胃部不适，不能正常饮食。我陪父亲到省人民医院检查，诊断结果是胃癌，幸

1992年底，段文杰（右四）和院内青年学者赴四川考察石窟艺术。

好发现及时，通过手术成功切除了肿瘤。住院期间，敦煌研究院的同事不断来探视，省领导李子奇、孙英、吴坚等都来医院慰问，嘱咐父亲配合治疗，早日康复。

一些外国朋友闻讯也来信慰问。日本的池田大作来信："听说段先生因病住院，非常担心，特写信慰问，希望先生能多加保重，早日康复为要。康复后将在创价大学为先生安排盛大的名誉学位颁赠仪式，届时请先生一定亲自光临参加。谨祝先生身体早日康复。"石川六郎也来信说："时值盛夏时节，谨向段先生表示衷心的问候！前一段时间，得知先生身体已在康复，我感到非常高兴。现在敦煌文物保护中心为了明年夏季的开馆，正在顺利施工，我衷心期待着敦煌文物保护中心将成为中日两国友好的象征，并高兴地期待先生今年10月访问日本。祝先生珍摄尊体，并祝贵院的事业取得更大成就。"

父亲身体底子好，心态宽厚平和，没有把病痛当回事，术后恢复得很快，虽然人明显瘦了很多，但精神不减从前。我们大家都劝他多休息一段时间，他却记挂着几件大事，特别是1993年的"丝绸之路古遗址保护研究讨论会"和"1994年建院五十周年纪念国际学术研讨会"的筹备，等到身体稍有恢复，他就很快返回了敦煌，进入紧张的工作状态。

父亲的胃大部被切除，必须少吃多餐。我们在兰州工作，无法分身。为了照顾父亲的生活，院里派人帮他做饭，父亲作息如常，对工作毫不懈怠。他有一句经常重复的话叫"自己的事情自己做"，实干精神贯穿他的整个人生，即使大病初愈，仍是如此。

除了日常工作，接待外宾和出访交流的任务也很繁忙。1993年五六月，日本副首相后藤田正晴来莫高窟参观。9月，朱镕基、李铁映、孙起孟等国家领导人先后视察敦煌。其间还有不少专家学者、海内外朋友，听说父亲大病初愈后，来莫高窟参观时都想见见他。父亲一如既往，向领导汇报工作认真细致，接待客人热情耐心。

8月下旬，香港大学主办了"第34届亚洲及北非国际学术会议"，父亲和孙儒僩、李永宁、施萍婷、谭蝉雪、张学荣，还有西北师范大学的学者刘进宝、马英昌也应邀参会。香港学者饶宗颐主持会议，父亲和各位学者先后发表了自己的学术研究成果。

10月，父亲和副院长刘会林、资料中心副主任刘永增应邀访日，参加创价大学校庆典礼。鉴于父亲在敦煌石窟保护研究和中日文化交流方面的贡献，池田大作在隆重的仪式上，授予父亲创价大学名誉博士学位证书。

此次又与东京艺术大学平山郁夫校长商谈了纪念敦煌研究院建院五十周年和邀请日方参加由他们援建的陈列馆的竣工开幕仪式等有关事宜。平山郁夫认为陈列馆开馆仪式很重要，他将向细川护熙总理汇报，日本要派政府重要人物参加。还承诺陈列中心开馆后，诸如科学仪器如何适应敦煌自然环境等问题，敦煌研究院可以随时提出，日方将尽量帮助解决。

1993年，日本创价学会名誉会长池田大作祝贺段文杰获授创价大学名誉博士学位。

此外，东京艺大和东京文化财研究所将各赠一台文字处理仪给研究院。其间，父亲还会见了日本文化厅长官内田弘宝先生，和东京文化财研究所负责人商谈了进一步科学保护敦煌石窟文物的合作课题。

从日本回国后，父亲一行立即投入到1994年几项重大活动的筹备工作中，并将筹备工作的情况随时向国家文物局和省委、省政府领导汇报。

早就听说俄罗斯艾尔米塔什博物馆收藏有不少敦煌藏经洞文献和艺术品，研究院也有去考察的意向，但因院里事务繁忙，经费紧张，一直未能成行。1991年7月和11月，父亲先后收到沙知、柴剑虹、齐陈骏、张惠明等先生来信，他们都访问了彼得堡，并考察了敦煌文物，建议敦煌研究院相关研究人员一定要去那里查看、研究一番。

1995 年 5 月，父亲和李正宇、施萍婷、张元林、王克孝等研究人员赴俄罗斯考察。父亲他们飞抵莫斯科后，转乘火车去圣彼得堡，俄罗斯敦煌学者孟列夫和邱古耶夫斯基在车站迎接，并安排父亲一行到伊尔玛家住下。

父亲一行在艾尔米塔什博物馆参观考察的时间最长，先重点考察敦煌文物，看到了一批艺术品，有壁画残块、塑像、木雕、绢画等，还有些千佛画像、天王像、小鹿等作品，都相当精彩。菩萨头像完全是盛唐风格，其中一张大型绢画，长约 164 厘米，宽约 142 厘米，上绘千手千钵文殊菩萨，画面相当完整。还有一批麻布画、纸本画，大多是唐宋时期的作品。菩萨立像较多，其中一幅上有回鹘文题记。多数供养菩萨像上有汉文题记，最高的一幅菩萨像高约 183 厘米，宽约 56 厘米，是宋代作品，题有"南无东方普贤菩萨"字样。还有一幅宋代的六臂观音坐像，手托日、月，画得相当好。有一幅供养图，上部绘菩萨立像，下部绘男女供养人各二身，有题记但残破漫漶不清。上部菩萨像题字为"南无虚无空藏菩萨"。这批画数量不少，多为幡绘。还看到一批由伯希和编号的艺术品，其中有观音菩萨、菩萨、弟子、罗汉、涅槃变局部、净土变局部、七宝、施贫儿等画幅，也有一些外国画家用油画临摹的佛头、菩萨、观音、力士、夜叉、卢舍那佛、供养菩萨以及涅槃局部、见宝塔品局部等。

难得一见的还有一批鄂登堡探险队所拍摄的黑白照片，有两千多张。这些照片对了解20世纪初敦煌周边的环境情况、社会风貌有一定的参考价值。在认真考察了几天文物之后，他们才有暇正式参观博物馆的其他部分。

艾尔米塔什博物馆其实就是过去的冬宫，它与大英博物馆、大都会博物馆、卢浮宫并称为"世界四大博物馆"。里面的收藏极其丰富，据说保存有250万件展品，大部分是绘画、雕塑、艺术家具、瓷器、黄金、白银、水晶、纺织品、中世纪武器、宝石与象牙制品等稀世珍宝，要走遍看全，一个月的时间也不够。父亲一行只重点参观浏览了其中的一部分：东方文化艺术部展厅、印度艺术展厅、希腊罗马艺术展厅和西欧艺术部藏品。在考察黑城出土的西夏文物时，看到有阿弥陀佛来迎图唐卡，观无量寿经变绢画，阿弥陀经变绢画，片治肯特寺壁画，毡画，刺绣，星象图之月星、金星、木星等。他们还特别参观了收藏管理敦煌、新疆壁画的库房和修复工作室。

在考察文物的间隙，父亲一行忙里偷闲，在俄罗斯学者孟列夫、鲁多娃的陪同下，参观了普希金城、叶卡捷琳娜宫殿及花园、缅希科夫宫、俄罗斯民族博物馆，游览了市容和涅瓦河。

考察敦煌文献的重头在俄罗斯科学院东方研究所。藏经洞五万件文献中，有一万多件藏于俄罗斯。据孟列夫介绍，由于编号有重复、空号以及一部分尚未认真审定，这批文献的实际数字大约在12000—18000字之间。父亲在与他们交谈中提出："我热切地盼望你们把这些文献归还给我们。"回国后，父亲又向有关部门汇报，尽力促成敦煌文物回归。

参观俄罗斯博物馆是乘坐地铁过去的，俄罗斯的地铁很有特色，每个车站都各有独特风格，多用五颜六色的大理石、花岗岩、陶瓷来镶嵌浮雕和壁画。照明灯具也十分别致，好像富丽堂皇的宫殿。俄罗斯博物馆除了收藏有大量古代圣像画和民间艺术品之外，还拥有一批18—20世纪的俄罗斯雕塑作品及丰富的俄罗斯学院派写生画作。有的展厅专门陈列了优秀的学院派画家布留诺夫和伊万诺夫的代表作，此外还有海景画家艾瓦佐夫斯基，风景画家库因芝、希什金等表现原生态美的画作，也有俄罗斯巡回展览画派的一些杰出画家列宾、苏里科夫、列维坦等人的关注社会现实生活、表现平民生活的批判现实主义作品。

父亲曾在20世纪50年代订阅过苏联的《星火》杂志，里面刊登过很多俄罗斯画家的作品，现在看到他们的原作，仍然能感受到一种深沉的力量。看到弗鲁贝尔、夏卡尔、马列维奇的风格特异的作品以及苏联时期的一些优秀作品，也有一种似曾相识的感觉。

接待部是敦煌研究院"弘扬"工作的第一道窗口，1995年他们取得了很大成绩，全年接待中国游客达125990人次、外国游客23400人次。热情耐心的服务、流利娴熟的多语种讲解、生动丰富的敦煌艺术内容介绍，让人们了解和记住了

段文杰在鲁多娃陪同下参观艾尔米塔什博物馆收藏的敦煌文物。

敦煌，也吸引着更多人渴望亲临这里，观赏中国传统文化的瑰宝。

《敦煌研究》创刊十多年来，发表了国内外学者数量众多的敦煌学研究成果，传播力强，影响深远，也促进了国际、地区间的合作交流。

1996年，父亲除了先后接待中央领导、省领导外，还会见接待了科学文化界精英，如诺贝尔奖获得者杨振宁、李政道博士，他们不仅在科技上贡献卓越，对文化艺术，特别是音乐绘画也都有深刻的理解。从和他们的谈话中，可以看到艺术创造和科学发明之间深层次的紧密联系。父亲也会见和接待了中国台湾佛教界的代表人物，同他们进行了佛学方面的探讨。会见了香港地区知名人士徐展堂，日本《朝日新闻》访华团，日本创价大学青年访华团，新任日中友好协会会长、日本文化财保护振兴财团负责人平山郁夫，日本茶道里千家赴敦煌"献茶活动"先遣组等，并与日本国会议员大内启五一行、日本法隆寺代表团高田良信等座谈。副院长刘会林与《朝日新闻》旅行社会谈时曾提出的举办展览事宜，也在1996年达成协议，在东京、福冈、神户合作举办了"沙漠中的美术馆——永恒的敦煌"展览，这次展览规模大，展期长。父亲为展览写了序言《人类的瑰宝——永恒的敦煌》。

为了配合1996年8月在北京、10月在上海举办的"敦煌艺术展"，父亲在展前先后到北京大学、北京师范大学、中国艺术研究院、中国青年政治学院、复旦大学等高校和研究单位宣讲敦煌石窟艺术及敦煌学术研究的发展情况，并出席了两地的开幕式。国内外媒体对敦煌的报道也很密集和频繁，韩国文化放送株式会社（MBC）对在日本展出的"沙漠中的美术馆——永恒的敦煌"进行了宣传介绍，日本NHK放送协会在莫高窟举行了全球直播，这些活动为进一步弘扬敦煌文化艺术再添亮点。

20世纪八九十年代，国内外学者均对敦煌文化非常关注，由于父亲及敦煌研究院相关同仁的共同努力，不遗余力地推动敦煌石窟的文物保护、研究和弘扬工作，敦煌文物相关工作得到院内外、国内外各方人士的关心、支持和帮助。这一切对父亲他们这些长期坚守在敦煌莫高窟的敦煌人来说，都是莫大的支持和关爱。

因为挂念父亲，远在四川的大姑、二叔、三叔、小姑陪同父亲的继母到敦煌来看他。二叔文俊小时候曾在敦煌住过一段时间，三叔文伟也曾来过敦煌两次，这次来看见恢复了健康的父亲，他们都很高兴。

难得相会的亲人见面后格外亲切，晚上家人经常聚在一起聊天，回忆过往。记得1957年以前，父亲作为长子，常给从小失去父亲的弟妹们寄生活费、学费，后来他自己也非常困难，无力再给他们更多的支持，但一直给他们写信，鼓励他们努力学习，团结互助共渡难关。文俊、文伟、文玉也都

20世纪80年代，段文杰与来敦煌看望他的亲人合影。

非常懂事、坚韧，每个人都通过自己的奋斗，成家立业，生活幸福，父亲很是欣慰。父亲的继母年龄大了，但身体还很硬朗，她曾独自抚育父亲的几个弟妹，经历了千辛万苦。父亲感谢她对几个弟妹的辛劳付出，对她非常尊敬，有机会去四川时都要去看望她。父亲的表弟王朝玺，退休前是邯郸钢铁公司的高级工程师，他们小时候一起上学，之后也是书信来往不断，听说父亲生病的消息，王朝玺便千里迢迢到莫高窟来探望。亲人们的关怀、牵挂让父亲感到很温暖。

第八章
魂牵梦萦　往事难忘凝笔端

"从远古一路走来，沙漠绿洲上沙岭晴鸣、月泉晓澈，茫茫戈壁见证了敦煌千年的辉煌与伤痛；向未来一路走去，佛窟壁画上岁月留痕、魅力长存。赤诚之心放飞着我的敦煌，我的梦。"

1998年，父亲从院长职务上退下来，省政府任命他为敦煌研究院名誉院长，院长一职由樊锦诗接任。我把父亲接到兰州，和我们一起生活。我和爱人葆龄除了照顾他的日常饮食起居外，也经常陪他各处走走，散心养生，有时也邀约一些亲朋好友陪他打牌聊天。研究院的领导和同事经常来看望父亲，每次他们来，总会勾起父亲对莫高窟的留恋和对同事们的思念。

　　敦煌的一切他都非常熟悉，很难从他的记忆中抹去。他经常梦见自己置身于三危山下的莫高窟中，半夜醒来就喊着要去看洞窟。怕他夜里起身会摔倒，我在他床前放了一张长沙发，每天夜里我都在沙发上睡觉，这样他有动静我就知道。

　　1999年夏天，刘会林副院长来告诉父亲，日本NHK放送协会到敦煌直播采访，需要拍他和平山郁夫的对谈。父亲知道这件事说："这是原来与平山郁夫商定的事情，那就赶快回敦煌。"我陪父亲返回敦煌不久，平山郁夫和NHK放送协会就来到莫高窟。院里在九层楼前布置了桌椅，安排刘永增做翻译。老朋友相见非常高兴，他们聊起中日在敦煌文物保护方面的科研合作、陈列馆修建等方面的话题。在美好回忆、亲切交流中，父亲特别感谢了平山郁夫对敦煌事业的关心和支持。在晚宴上，父亲向平山郁夫赠送了1993年由江苏古籍出版社和敦煌研究院合出的、父亲任主编的大型画册《敦煌壁画摹本珍藏本》，平山郁夫先生很高兴地接受了这份礼物。

在敦煌期间，父亲在刘会林副院长和我的陪同下，又去鸣沙山和月牙泉故地重游。说起月牙泉，想起我1959年在敦煌上中学时，曾和同学们到这里游玩，看见月牙泉岸边有几座古庙，里面还有一些塑像，"文化大革命"后这些庙宇都不存在了，如今泉边的建筑物基本上已被重修。月牙泉水依然非常清澈。游客很多，长长的驼队载着中外游客在月牙泉周围的沙山中行走。鸣沙山上热闹欢快的滑沙项目，也构成了一道独特的风景线。

1999年10月，接到香港商务印书馆的邀请，我陪父亲同樊锦诗、贺世哲、孙修身、宋利良等前往香港参加了商务印书馆（香港）有限公司举办的敦煌莫高窟五台山全景图复制品展览开幕式。香港商务印书馆的总经理和总编辑陈万雄，是父亲的老朋友，他们曾多次商谈并签订了《敦煌石窟全集》的合作出版协议。这次，陈总编又把敦煌莫高窟61窟的大型山水全景壁画"五台山图"，用影印技术原尺寸复制在香港展出，可谓大手笔。

1999年，段文杰（左四）与樊锦诗等应邀赴香港参加商务印书馆举办的敦煌莫高窟五台山全景图复制品展览开幕式并剪彩。

　　这幅画我少年住在莫高窟时曾多次看过。这个洞窟特别大，"五台山图"绘制在洞窟后壁上，占了整个后壁的大半壁。画面气势磅礴，建筑、山川、河流、人物、车马遍布其中，是一幅青绿山水巨制。61窟是五代时期修建的，壁画内容丰富，是莫高窟具有时代创新性的大窟之一。

　　开幕式后，父亲还在饶宗颐先生介绍下，会见了香港佛教界知名人士觉光法师、志莲净院宏勋法师等，叙谈甚欢。其间我们还在商务印书馆张倩仪、周思敏等陪同下参观了香港的一些博物馆。

　　1999年，敦煌研究院开始筹备2000年莫高窟藏经洞发现一百周年纪念活动。父亲认为这是个值得纪念的事情，专门写了《历尽沧桑再现辉煌》一文在《甘肃日报》和北京《中华英才》等报刊上发表。

2000年，文化部、国家文物局和甘肃省人民政府主办了"敦煌藏经洞发现暨敦煌学百年"系列纪念活动。7月4日上午，"敦煌艺术大展"在北京天安门广场东侧的中国历史博物馆开幕。出席开幕式的有全国政协副主席杨汝岱、文化部部长孙家正、国家文物局局长张文彬、甘肃省委书记孙英及其他各界人士数百人。开幕式由张文彬主持，甘肃省省长宋照肃致辞。杨汝岱、孙家正、孙英和父亲等人为开幕式剪彩。

7月6日上午，在人民大会堂举行了敦煌百年纪念座谈会，中共中央政治局委员、中国社科院院长李铁映，全国人大常委会副委员长丁石孙、周铁农以及孙家正、张文彬等领导和专家学者出席了会议。国务院一位副秘书长传达了中共中央政治局常委、国务院副总理李岚清同志给座谈会的相关意见，向辛勤工作在敦煌文物保护第一线的文物工作者表示感谢和致意。信中指出："我国西部地区是中华文明的重要发祥地，具有丰厚的中国传统文化底蕴和鲜明的民族特点，拥有大量的文化瑰宝。要站在中华民族复兴和可持续发展的高度，制订适应西部发展总战略的西部文化发展战略和规划。对西部得天独厚的稀有历史文化和民族文化资源，要重视涵养，加强抢救、保护和合理利用，建立良好的民族民间文化生态环境。"

李铁映同志也对敦煌保护和敦煌学研究取得的成就表示

祝贺，并希望广大文物工作者在新的世纪，进一步做好敦煌文物保护和敦煌文献资料的整理、研究、出版工作。孙家正同志指出，敦煌艺术所独有的贯通融合欧亚四大文明的特色，使它成为体现人类优秀文化永恒魅力和影响的典型代表。对于我们今天的改革开放和文化建设仍具有深刻的精神启迪意义。

当天晚上，时任中共中央政治局常委、国家副主席胡锦涛，中共中央政治局常委、书记处书记尉健行，中共中央政治局常委、国务院副总理李岚清和李铁映同志亲临中国历史博物馆观看了展览。父亲和樊锦诗为胡锦涛等领导同志讲解。他们饶有兴趣地观看了展览的各个部分，不时在一些展品前驻足，仔细询问有关情况，对展览给予充分肯定。胡锦涛同志说："看了展览既为中华民族灿烂文化的博大精深而自豪，也为外国列强侵略中国的野蛮行径而愤慨。这个展览不仅可以使人们得到美好的艺术享受，而且会使人们受到生动的爱国主义教育，增强民族自豪感和责任心。要进一步保护好、研究好敦煌艺术，再创中华文明的辉煌。"临别时，胡锦涛同志握着父亲的手说："要保重身体，健康长寿，为敦煌事业多做贡献。"

7月29日，国际学术讨论会在莫高窟召开。开幕式上，孙家正、张文彬、仲兆隆代表文化部、国家文物局和甘肃省委、省政府向常书鸿、季羡林、饶宗颐、邵逸夫、潘重规、平山郁夫以及父亲七人颁发了"敦煌文物保护研究特殊贡献

段文杰（右二）被授予"敦煌文物保护研究特殊贡献奖"。

奖"，并向敦煌研究院、日本东京文化财研究所、美国盖蒂文物保护研究所颁发了奖状。

父亲感谢党和人民给予的荣誉，并表示将寻找自身的不足，在力所能及的情况下，继续做一点工作。父亲认为，2000年的百年庆典，是对100年来敦煌事业发展的一个阶段性的总结。进入21世纪，敦煌学的发展、敦煌文化的精神，会在新的世纪得到进一步的弘扬。

父亲是个闲不住的人，平静恬淡、颐养天年的日子，他觉得很不自在，总是觉得还有许多事情需要去做。他喜欢读书看报记笔记，经常翻看过去的文稿和资料卡片以及各方友人的来信。正好李其琼先生拿来一个大信封，里面装了一批敦煌艺术研究所和敦煌文物研究所时期，美术组同事们临摹敦煌壁画的部分线描稿，说是上海古籍出版社要出版一本临摹的白描画稿集《敦煌壁画线描百图》，请父亲写一篇《谈敦煌壁画临摹中的白描画稿》，父亲答应了，并立即着手撰写。写好后，我帮父亲校对整理，由葆龄打印出来后交给了李其琼。这本画册在2004年出版，父亲在文章中介绍了中国线描艺术如铁线描、兰叶描、折芦描、游丝描等多种线描在敦煌壁画中的传承运用，又对敦煌古代画师针对洞窟特殊环境、墙面大等建筑特色而创造的起稿线、定型线、提神线、装饰线以及接力线、合拢线和旋转线等线描技巧进行了分析研究。此外，还回忆了敦煌艺术研究所、敦煌文物研究所、敦煌研究院时期，几代美术工作者在壁画临摹过程中的艰苦努力和认真负责的精神及其研习价值。

2001年，父亲准备写回忆录，让我帮他查找有关资料。兰州有一些他的文稿、笔记和信件，但大部分资料在敦煌，我准备择机去敦煌时再整理。他先拟了一个提纲，我根据他的回忆整理了大概脉络，暂定名为《情结敦煌》，并准备进一步充实和丰富其内容。这一时期父亲身体情况尚好，虽然走路不如以前那样矫健，但行动自如，从不喜欢借助手杖。只是外出时我们不放心，还是要搀扶他，他倒也不拒绝，很是配合。在家里他习字、画画、写文章、看电视都很正常。除了必看《新闻联播》外，父亲还喜欢看由名著改编的电视连续剧，尤其是《西游记》，每次遇到重播，他都要从头看到尾。父亲搞了一辈子敦煌研究，临摹了大量敦煌壁画，除了早年在敦煌画过一些写生画，1959年参加了与美术组同事们合作的一张《猎归》外，基本上没有机会和时间再搞创作，但他对创作很重视。

1982年，我参加了人民大会堂甘肃厅的壁画创作，并完成了《丝路友谊》的绘制，其间他到北京开会时，还专门到我们的工作现场去看了，提了一些建议。以前他就经常督促我搞创作，现在和我一起在兰州生活，更是催促得紧。我说："我们合作搞几张行不行？"他说："当然可以啊，不过主要靠你。"于是我就起了几张草稿，在他的指导下进行修改，之后我们一起勾稿和上色。他对我的要求很高，不太满意我的线描和晕染。这样画了几张后，由于要写回忆录和一些临时性的写作任务，就没有再继续。

2002年，台湾一个文化教育基金会通过原接待部主任马竞驰转告父亲，邀请我和父亲到台湾孙中山纪念馆举办父子联展，父亲以临摹作品为主，我的作品以创作为主。我们从研究院借出他临摹的数十件临本，加上我的几十幅作品在台湾展出。我和父亲同马竞驰、葆龄一行四人从香港转机到台北，受到主办方的热情接待。这次展览反响很大，来孙中山纪念馆参观展览的人很多，台湾的各大报刊都有报道。

展出期间，我们应主办方邀请，游览了宝岛的阿里山、日月潭和阳明山。从阿里山沿台湾东部公路返回台北时，有惊无险地碰上了"331"大地震，震中在花莲海上，震级达到7.5级。路上的刹车声此起彼伏，各种救灾车辆呼啸着来去。

我们的车子也在上下跳动，左右摇晃。开车的林先生接到电话，说台北市区震感强烈。我们回到宾馆时，险情已过。只看到房间内一片狼藉，电视机翻倒在地上，床头柜的抽屉被甩了出来，卫生间的墙壁贴砖摔碎了一地，好在当时我们都在外面，不然有可能被砸到。台北金融大厦正在施工的塔吊从100多层高处倒塌，砸坏了停放在路边的汽车，还伤了人。可能是经常有地震，大家都习以为常，没有造成太大的恐慌。救援工作倒是井然有序，很快就恢复正常了。

台北《艺术家》杂志主编何政广先生和父亲谈起，他曾给父亲写信，想把父亲的文章在《艺术家》上连载刊发，父亲告诉他自己正在写回忆性的文章，回去后将陆续寄来。何先生很高兴，说："那我们恭候您的大作。"从台北回到兰州后，我帮父亲把写好的文章归整了一下，原计划20万字左右的回忆录，现在只写了5万字左右。父亲说："既然人家催得紧，那我们就先把这几万字寄过去，以后再按回忆录来写吧。"于是我将整理好的文字交给葆龄打印好，配上有关照片、图片一并寄出。后来《艺术家》杂志自2002年7月开始至2003年2月，连载了八期父亲的《情结敦煌》。

写回忆录，总结自己跌宕起伏的人生，记载难以忘怀的永恒追求，是父亲卸下重任后想做的一件事。有了《情结敦煌》作基础，继续充实和完善回忆录，成了他每日必修之课。父亲在回忆中沉思，让时光从笔尖缓缓流过，20万字的初稿终于完成。其间我竭力帮父亲查阅日记、笔记、文章和信件，葆龄也提前退休，全力以赴进行文稿打印。经过修改校对后的第三稿，被父亲定名为《敦煌之梦》。

父亲始终念念不忘敦煌，总是说要回敦煌。我们也非常理解，敦煌是他情之所至，一生的牵挂。2006年6月，我们陪他回到莫高窟，樊锦诗院长、狄会忠主任等几位同事手捧鲜花亲自到火车站迎接，让父亲很感动。到莫高窟后，现任领导们都来探望父亲，让父亲感到分外亲切，真是有了回家的感觉。父亲毕竟年事已高，院里的同志很贴心，提前准备好了轮椅。父亲在窟区的浏览是借助轮椅行进的，狄会忠主任全程陪同，亲自推着他。在九层楼前和林荫道上，父亲回顾凝望许久，往事仿佛就在眼前。

人影语声之中，我们迎面碰见编辑部主任赵声良陪同日本成城大学教授东山健吾先生参观洞窟。东山健吾是父亲的老相识了，以前父亲去日本讲学讲演，他多次担任翻译。他来过敦煌有数十次了，这次是为了写一篇论文专程来考察的，父亲预祝他写作成功，并在窟前和东山健吾、赵声良以及和他们同行参观的一些日本观众合影留念。

经过下寺附近的保卫处，父亲特意去见了警卫队的一部分队员，石窟的安全保卫工作责任重大，他们昼夜巡逻值班，很是辛苦。过去父亲经常与保卫处的同志谈话，节假日也要来慰问。看到他们精神抖擞、健壮威猛的状态，父亲由衷钦佩，向他们竖起了大拇指。

从保卫处出来，父亲提出要到接待部看看。接待部是宣传和弘扬敦煌文化的"重要窗口",直接面对中外游客和观众,工作繁忙,也很重要。父亲在任期间非常重视讲解员队伍建设。莫高窟的讲解员队伍起步早,语种多,素质高,名声远播,在全国文博系统名列前茅。狄会忠主任熟知他的心思,早已通知接待部负责人李萍、罗瑶他们提前做好安排。大家围坐在会议室,听父亲讲话。父亲给予接待部工作高度评价,希望大家再接再厉,继续努力钻研业务,精通中文讲解和外语翻译,做好接待工作,为弘扬敦煌文化做出贡献。之后父亲在院子里与他们合影留念。

父亲还到资料中心看望那里的工作人员。在敦煌文物研究所时期,资料中心在中寺后院的一间房子里,那时叫图书室,规模不大,主要是一些图书资料。我母亲从四川调来后,

2006年,段文杰与接待部人员合影。

曾在那里工作过一段时间。过去的资料中心和现在不能同日而语，现在的资料中心环境好，设备全，资料内容丰富，父亲感到很高兴。

在美术研究所宽敞明亮的大画室，我们看到侯黎明所长和高鹏、马强、吴荣鉴、沈淑萍、李月伯、赵俊荣、邵宏江、关晋文等一些中青年画家在大画板前工作，他们是在整理几张榆林窟的壁画。临摹是一项重要工作，过去摄录器材、技术还不够先进，临摹作品是向外界介绍敦煌艺术的重要手段，起到了历史性的重要作用，同时也是美术家研究敦煌艺术的必要手段，保存古代艺术风貌的办法之一。父亲希望美术所的画家们重视临摹工作，根据父亲的经验，要想临摹好一张敦煌壁画是要花很大气力的，并不比搞一张创作的精力少。当然推陈出新也很重要。敦煌古代画家的创新精神是很强的。在敦煌壁画的每一个时期，艺术家都有很多新的创造和发展。这也是当代艺术家应当认真研究的地方。对这样一个中华民族传统艺术的重要体系，在进一步加深认识和推陈出新方面，还有很多事情要做，可谓任重道远。

父亲这次回敦煌，所到之处，深深感觉到这几年在樊锦诗、纪新民、刘会林、李最雄、罗华庆、王旭东等同志的领导下，研究院取得了可喜的成绩。最令他欣慰的是敦煌事业后继有人，各项工作都有梯队式的带头人，当年的青葱树苗，如今长成了参天大树，用辛勤劳动和突出贡献，回报着滋养他们的这片圣土。

从敦煌回到兰州，院办宋真主任来通知，中国文联评选的2005—2006年度"造型表演艺术创作研究成就奖"揭晓，父亲是获奖者之一。颁奖仪式在北京举行，要求所有获奖者到现场领奖。11月7日，我们和宋主任一起陪父亲到北京参加颁奖大会。中国文联的领导同志为获奖者颁发了奖状和证书，和父亲一同获奖的还有靳尚谊、冯法祀、吕厚民、黄永玉、朱乃正、沈鹏、金维诺、钱绍武、晁楣、常沙娜、崔子范、程十发、阳太阳、赵燕侠、谭元寿、白淑湘等。会前在休息厅，父亲和詹建俊、曹春生、白淑湘、冯法祀等人相谈甚欢。

詹建俊是当代著名油画家、中央美术学院教授，他回忆起20世纪50年代在中央美院做研究生时，到敦煌临摹壁画，并听父亲向他们介绍敦煌壁画的情景，那时中央美院和中央美院华东分院（如今的中国美术学院）每年都要派毕业班学生到敦煌来实习，父亲曾多次向他们介绍敦煌艺术。像叶浅予、金浪、李震坚、史岩等在新中国成立初期带领学生到敦煌时，父亲也向他们介绍敦煌艺术，安排临摹事宜，大家相处非常融洽。当时李震坚还把他画的一张素描写生人物头像送给父亲作纪念，我还曾见过这张画，只是经过"文化大革命"后没能保存下来。

父亲在著述回忆录时告诉我，他曾经有过在敦煌建立一个世界文化公园的设想，在大泉河东岸与莫高窟相对处，建立一个半地下宫殿式的敦煌文化陈列馆，制作几个最有代表性的洞窟的原大模型，陈列敦煌文物，还要设立电影电视厅，放映敦煌石窟的电影电视片。恢复下寺三清宫外貌，陈列中国、印度、巴基斯坦、日本及一些中亚国家的佛教艺术复制品。建立丝绸之路蜡像馆，陈列汉唐丝绸之路中西文化交流的文物，让来敦煌参观的人看到一条完整的丝绸之路和一个更完整的敦煌。如今，父亲的一些想法已经变成了现实，但作为一个庞大的文化工程，还有许多事情要做。新的院领导班子，还在为实现这个梦想而努力工作。

回忆过去的一切，父亲说好像做了一场梦，这场几十年的梦，在人类长河中，只是短暂的一瞬间，但对一个人来说，却是一辈子，是一段相当长的历程。尽管在这段历程中，父亲遭受过多种磨难，经历了不少挫折，但伟大的敦煌文化、伟大的石窟艺术，像一盏闪亮的明灯给了他温暖和力量，使他永葆乐观向上的精神状态。他认为仅仅用博大精深还不能完全解释敦煌。敦煌是严酷的自然环境和人类美好愿望的有机结合，敦煌是对真善美的不懈追求，敦煌是创新精神的不断发扬，敦煌是对世界各国各族人民友好往来、共同发展的赞美，敦煌是对世界和平与文明进步的向往。他觉得在这里展现梦想、实现梦想的过程是一件有意义的事，只要生命不息，梦想就会永续。

得知父亲的回忆录已写完，樊院长来电话希望由研究院编辑并联系出版社出版。我和葆龄将打印稿仔细检查校对后，寄给了研究院。江苏美术出版社于2007年8月出版该书，总算了了父亲一桩心事。

2007年，甘肃省政府和国家文物局在兰州举行了"段文杰先生从事敦煌文物和艺术保护研究60年"纪念活动。省委书记陆浩、国家文物局副局长童明康和相关省领导出席了纪念大会。令人感动的是，日中友好协会会长、日本东京艺术大学校长、著名画家平山郁夫携夫人，专程从日本飞来兰州向父亲祝寿。陆浩书记代表省委、省政府向父亲颁发了由甘肃省政府和国家文物局授予父亲的"敦煌文物和艺术保护研究终身成就奖"。纪念活动还包括在兰州院部的敦煌艺术馆举办"段文杰作品展"、兰州歌舞剧院在金城剧院专场演出舞剧《大梦敦煌》（父亲曾被邀为此剧的顾问）。

2007年，段文杰九十寿辰，平山郁夫专程来兰州祝寿。

在父亲的要求下，2007年我和葆龄又陪他去了一趟敦煌，这是他最后一次到莫高窟。我们推着轮椅在窟区林荫道上慢慢行走，到九层楼前他示意停下来，抬头凝望，久久无语。这时他一定是想起了几十年的往事，那些让他难以忘怀的记忆。在一抹霞光的映照下，他就像一座饱经风霜而又专注思考的求索者雕像。

2009年，父亲被文化部和国家文物局授予"中国文物、博物馆事业杰出人物"称号，北京寄来了证书，敦煌研究院人事处冯兰同志专门把获奖证书送到家中。

第九章
双亲英杰　终身护窟归净土

"人生难免遭遇困难，但飘逸的飞天会指引我们走在通往幸福的路上；人间总有隔阂积怨，但佛陀的拈花微笑可以融化人类心灵的坚冰。在敦煌的世界里，我们能够触摸到真正的和平、和美、和谐。"

自2010年起，父亲腿脚已经很不灵便，不能下楼到院子里散步了。日常就是在家里看书、读报、写字、看电视。父亲曾因罹患胃癌于1993年在省人民医院做过手术，手术很成功，十多年一直没有复发。后来因为心跳过缓，安装了心脏起搏器。身体其他方面虽然没有太大毛病，但年龄不饶人，器官退化、功能衰退的现象越来越明显。饭量也减少了，在家里走动必须有人搀扶，不能久坐。我专门给他定购了一张较宽较高的长沙发，放在书桌前，方便他坐一会，随时可以躺一躺。我基本寸步不离地陪侍身边。眼看着他一天天瘦弱下来，我只能按医生指导，经常给他摩腹揉腿，葆龄也想方设法给他做顺口的饭菜。

　　2011年1月21日，父亲吃了早餐后，像往常一样坐在桌前翻看了一会儿书，就说想躺下休息。我把他扶到床上躺下，看他慢慢睡着了。中午饭好了，他说不想吃，继续睡觉。下午阳光很好，葆龄见他醒来就给他理了发，我们像往常一样扶他解手，之后他说累了，要休息一下。到床上不久，我们还没离开就看见他闭上双眼，轻轻呼了一口气，就再没有动静了。葆龄说："爸爸走了！"我还不相信，拉着他的手腕，确实没有了脉搏，这才知道他老人家真的去世了。我强忍悲痛先给当医生的妻弟史葆光打电话，请他来确认。他是省人民医院的主任医师，那些年父亲每次生病住院都是他在张罗，就像是父亲的家庭医生，小病小伤就请他来家里处理。父亲能享如此高寿，他功不可没，这份情谊我们没齿难忘。

没有遇到过亲人毫无征兆地在眼前突然去世的情况，我们慌乱不堪，脑袋一片空白。在妻弟的提醒下才急忙向兰州院部的李书记、宋主任报告，正在兰州出差的狄会忠处长和他们一起赶来时，同住一栋楼的研究院陈贵本夫妇和妻弟一起，已经帮我们给父亲换好了寿衣。李书记、宋主任、狄处长等人立刻开始筹备父亲的丧事，什么都不用手足无措的我们操心，当晚父亲的遗体就被送到了华林山殡仪馆。

省里专门成立了治丧委员会，省委常委、宣传部部长励小捷亲任主任委员，副省长咸辉和敦煌研究院院长樊锦诗任副主任委员，成员包括省文化厅厅长邵明，省文物局局长杨惠福、副局长马玉萍，敦煌研究院党委书记纪新民、副书记李金寿，敦煌研究院副院长王旭东、刘会林、罗华庆等十余人。

吊唁厅设在兰州院部的艺术馆。1月22—24日三天，从早到晚来吊唁的人络绎不绝。国家文物局、甘肃省委办公厅、甘肃省政府办公厅、甘肃省委宣传部、甘肃省委组织部，酒泉、敦煌、瓜州市县政府及在兰部分高校等多家单位都送来花圈、挽联。父亲的领导、同事、亲朋好友纷纷赶来吊唁，用这种方式寄托他们的哀思和对父亲的怀念。敦煌市政府的挽联"十八万敦煌人民怀念您！"让人止不住泪水涟涟。敦煌是父亲的第二故乡，是他付出一辈子心血的热土。几十年来他执着坚守，无怨无悔，为保护、研究、弘扬敦煌文化殚精竭虑，奉献终生，为此也获得了大家的尊敬和爱戴，我想九泉之下的父亲一定能感受到敦煌父老乡亲的这份深厚情谊。

1月25日，在华林山殡仪馆怀远厅举行了父亲的遗体告别仪式和追悼会。省委书记、省人大常委会主任陆浩，省委副书记、省长刘伟平，省委常委、省政协主席冯健身，省委常委、组织部部长吴德刚，省委常委、宣传部部长励小捷，省委常委、统战部部长刘立军，省委常委、省委秘书长姜信治，副省长咸辉，省政协副主席栗震亚等领导都专程前来，同父亲生前好友、同事、亲属数百人送别父亲最后一程。在哀乐声中，陆浩、刘伟平等领导向安卧在鲜花丛中的父亲遗体三鞠躬，并与亲属们握手，表示慰问。宣传部部长励小捷主持追悼仪式，副省长咸辉致悼词。悼词介绍了父亲的生平，并对父亲的工作给予了极高的评价。悼词如下：

著名敦煌学家、中国共产党党员、原敦煌研究院院长段文杰先生，因病医治无效，于2011年1月21日17时在兰州逝世，享年95岁。段文杰先生，1917年8月生于四川绵阳。1945年从国立艺术专科学校国画科毕业，1946年9月来到敦煌莫高窟，在国立敦煌艺术研究所从事保护、研究工作，任考古组代组长。1950年后，历任敦煌文物研究所美术组组长、代理所长、副研究员。1969年下放敦煌农村劳动，1972年回所工作。1980年任敦煌文物研究所第一副所长，1982年4月任敦煌文物研究所所长、研究员，1984年任敦煌研究院院长，1998年以后任敦煌研究院名誉院长。段文杰先生是第六、七届全国政协委员，曾担任中国敦煌吐鲁番学会副会长、中国敦煌石窟保护研究基金会理事长、甘肃省社科联副主席、甘肃省美术家协会名誉主席、甘肃敦煌学会会长、甘肃省对外文化交流协会名誉会长、甘肃省国际传播交流协会名誉理事长等多种社会职务。1986年被日本东京艺术大学聘为名誉教授，1993年被日本创价大学授予名誉博士学位。

段文杰先生对敦煌艺术保护、研究和弘扬事业做出了卓越贡献。从1991年起享受国务院政府特殊津贴。1995年被人事部、文化部评为全国文化系统先进工作者，2000年被甘肃省人民政府、文化部授予"敦煌文物保护研究特殊贡献奖"，2006年被中国文联授予"造型表演艺术创作研究成就奖"，2007年被甘肃省人民政府、国家文物局授予"敦煌文物和艺术保护研究终身成就奖"，2009年被文化部和文物局授予"中国文物、博物馆事业杰出人物"称号。还曾被甘肃省委、省政府授予"甘肃省先进工作者""甘肃省优秀专家"等诸多荣誉称号。

段文杰先生是敦煌壁画临摹事业的开创者之一。他深入钻研传统壁画艺术，开创了敦煌石窟整窟临摹和大幅壁画临摹的新领域，并将临摹工作提高到了理论高度。他的临本，技巧纯熟，形神兼备，代表了敦煌壁画临摹的最高水平。他是临摹敦煌壁画最多的艺术家，先后独立或合作临摹历代敦煌壁画380余幅，约140多平方米，其中，他主导合作整窟临摹的莫高窟第285窟、榆林窟第25窟成为敦煌壁画临摹的标杆，其代表作"都督夫人礼佛图"成为敦煌壁画复原临摹的典范。段文杰先生在敦煌壁画临摹艺术实践和理论方面的突出成就，为保存、传播敦煌艺术做出了卓越贡献。

段文杰先生是敦煌学研究的领军学者。在敦煌艺术的民族传统、风格特点、源流演变、艺术成就等方面进行了开拓性的研究，有着独到见解，有着精深的造诣，取得了显著成果，发表《形象的历史——谈敦煌壁画的历史价值》《早期的莫高窟艺术》等论文50余篇，近百万字；出版《敦煌石窟论集》《段文杰敦煌艺术论文集》等代表性论著；主编《敦煌石窟艺术》等多部大型图书，成为敦煌艺术研究的集大成者，可谓著作等身，许多著作堪称敦煌学的扛鼎之作。他曾应邀前往法国、日本、美国、印度、俄罗斯等多个国家和地区参加国际敦煌学术研讨会，讲授敦煌学和考察，在国内外学术界产生了广泛而深远的影响。

段文杰先生担任敦煌研究院院长后，制定了"保护、研究、弘扬"的六字方针，在洞窟保护、敦煌学研究、敦煌艺术弘扬、对外交流和合作等方面，开创了一个崭新的局面，进入了一个全新的发展时期。坚持走科学保护之路，对莫高窟、榆林窟和西千佛洞石窟进行了保护加固，对洞窟壁画塑像开展抢救性修复，并实施综合治沙、环境监测、文物数字化等研究工作，与国内外诸多科研机构合作开展了一大批科研保护项目，取得了丰硕的科研成果，由抢救性保护迈进了科学保护的新阶段，使敦煌莫高窟成为了中国首批世界文化遗产。大力推动敦煌学研究，创办了首个敦煌学研究领域的专业核心期刊《敦煌研究》，出版了《中国石窟·敦煌莫高窟》《敦煌艺术全集》《中国敦煌壁画全集》等大型丛书，在莫高窟举办了首次全国敦煌学术会议和四届敦煌学国际学术会议，为改变"敦煌在中国、研究在国外"的状况做出了杰出贡献，使敦煌研究院真正成为敦煌学研究的中心。积极弘扬敦煌艺术，全力做好开放接待，使莫高窟成为甘肃对外宣传的名片和发展旅游业的龙头；同时积极使敦煌艺术走出甘肃、走出国门、走向世界，在国内多个城市和中国台湾、香港地区以及日本、法国、印度、美国等国家举办敦煌艺术展览，所到之处莫不引起巨大轰动，使敦煌文化艺术和敦煌文物保护成果为全世界人民所共享，极大地提升了中国文化的国际影响力。积极寻求国际合作，促成日本政府无偿援建了敦煌石窟文物保护研究陈列中心，倡导成立了敦煌石窟保护研究基金会。段文杰先生以他的远见卓识和无私奉献为敦煌文物事业做出了重大贡献。1984年，省委、省政府决定将敦煌文物研究所扩建为敦煌研究院，段文杰先生任首任院长，在他带领下，敦煌研究院在文物安全、壁画和文物修复、环境监测、治沙固沙、石窟科学管理和对外开放等方面取得了卓著成绩，成为我国文物有效保护、合理利用和精心管理的典范。

段文杰先生一生热爱敦煌，矢志不渝。他扎根大漠60多年，为敦煌文物保护、研究和弘扬事业呕心沥血、殚精竭虑，奉献了毕生心血和精力，展现了一位专家、一位学者对中华民族优秀文化遗产高度的使命感和责任感。他的一生，是热爱甘肃、热爱祖国、热爱艺术的一生，是艰苦奋斗、无私奉献、无怨无悔的一生，是求真务实、开拓创新、勇于进取的一生。他是中国共产党的优秀儿子，是敦煌文物和艺术保护研究事业的杰出代表，是敦煌学界和文博界的时代先锋。

段文杰先生的辞世，是甘肃学界的重大损失，是中国文物事业的重大损失。我们深切悼念段文杰先生！我们永远怀念段文杰先生！安息吧，一代敦煌学大师段文杰先生！

得知父亲逝世，许多单位和个人都发来唁函唁电以致哀悼。中国敦煌吐鲁番学会、兰州大学、浙江大学、中国美术家协会、文物出版社、秦始皇兵马俑博物馆、大足石刻艺术博物馆、读者出版集团、北京大学考古文博学院、四川大学中国俗文化研究所、龙门石窟研究院、中国古遗址保护协会石窟专业委员会、中共酒泉市委、酒泉市人民政府、中山大学历史系、新疆维吾尔自治区博物馆、香港大学饶宗颐学术馆、中国美术学院、江苏美术出版社等30多家单位发来唁电。

痛惜段文杰先生不幸病逝，噩耗传来，各地文博界同声哀悼。段文杰先生乃学贯中西、名扬四海的文物专家，也是我国文物事业的早期耕耘者和敦煌学界的一代宗师。他长期投身文物工作，历经磨难，矢志不渝，开创了保护、研究敦煌艺术达半个多世纪的丰功伟业，在中外文化、艺术和学术史上谱写了不朽的篇章。谨以至诚电唁，沉痛缅怀段文杰先生，并向先生家人转致深切慰问。深信全国文物战线必能赓续先生之功业，共襄文化遗产事业繁荣发展之未来！

——国家文物局

段先生是老一辈"敦煌人"的杰出代表，辛勤致力于世界文化遗产敦煌莫高窟的保护与研究事业60多年，作为改革开放后敦煌文物研究所继往开来的所长和敦煌研究院的第一任院长，在敦煌文化宣传普及、组织和带领学术研究、培养年轻人才、扩大国际影响等方面做出了巨大贡献。他对敦煌学的贡献，将永远铭记在敦煌学的辉煌史册中。

——中国敦煌吐鲁番学会

段文杰先生致力于敦煌莫高窟壁画临摹与石窟艺术研究工作，在敦煌文物和艺术保护等领域成果卓著，见解独到，影响深远，为国内外学术界所推崇。先生心系祖国，潜心研究，成果丰硕，后人仰止，精勤不倦，笔耕不辍，治学严谨，堪为楷模。先生的不幸逝世是我国艺术界、敦煌学研究领域的重大损失，深感惋惜。

——兰州大学

惊闻我国著名敦煌学家，前敦煌研究院院长段文杰先生不幸逝世，我们深感悲痛。自此中国敦煌学界失去了一位造诣深厚的学者。段老的逝世是我国敦煌学界的一大损失，也是我国文物保护界的一大损失。

——浙江大学

惊悉段文杰先生因病不幸逝世，敦煌全市干部群众感到万分悲痛。段文杰先生一生致力于敦煌文化艺术保护研究工作，为敦煌艺术保护研究和弘扬事业做出了卓越贡献，使得敦煌学研究在中国走上前所未有的繁荣阶段，厥功至伟，影响巨大，举世瞩目。段文杰先生扎根敦煌60余载，毕生把敦煌作为自己的第二故乡，积极为弘扬敦煌文化殚精竭虑，呕心沥血，受到敦煌人民的无限爱戴和敬仰，并与全市干部群众结下了深厚情谊。段文杰先生不幸逝世，是中国学术界的重大损失，更是敦煌人民的重大损失。他那学无止境永不停步的探索精神和坚忍不拔的奋斗意志，永远值得我们学习。他对祖国忠心，对人民忠诚，对事业忠贞，是敦煌人民的骄傲和楷模。他对敦煌艺术事业的痴情，对敦煌发展做出的重大贡献，敦煌人民会永远铭记在心。我们一定要化悲痛为力量，以段文杰先生为榜样，为传承和弘扬敦煌文化艺术事业倾尽心力，奋斗不止。段文杰先生永垂不朽！

——敦煌市委、市政府

段文杰先生是我国著名的敦煌壁画研究专家、美术家，在学术界和美术界享有崇高威望，他将毕生精力和智慧奉献给了敦煌，尤其是在敦煌文物和艺术保护研究方面，更是功勋卓越。他的敦煌临摹作品，不仅为我们保存了丰厚的文化遗产，也对中国古代美术的深入研究具有重要的和积极的意义。

——中国美术家协会

段文杰先生一生致力于从事敦煌艺术保护与研究工作，治学严谨，成果卓著。他积极倡导国际合作，在敦煌文物保护、人才培养、科学研究以及扩大国际影响等方面均做出了巨大贡献，促进了中国敦煌学的发展与进步。

——北京大学考古文博学院

段先生守护莫高窟60年，并对敦煌文物保护研究事业做出了终身的贡献，令国内外关心敦煌莫高窟的人们抱有无限的尊敬。去年我们得到敦煌研究院诸多先生的大力协助，在日本翻译出版了央视电视剧《敦煌》，受到日本观众的很大欢迎。剧中有段文杰先生年轻时代临摹敦煌壁画的镜头，虽然我们不会汉语，但段先生的激情打动了我们。我们作为一家介绍中国电影的日本公司，对段文杰先生的逝世表示哀悼，并希望段先生的家属和同事们化悲痛为力量，继续发扬敦煌学。

——日本东京邦中央区铃木公司

故宫博物院院长郑欣淼、故宫博物院常务副院长李季、原中央工艺美术学院院长常沙娜等均以个人名义发来唁函。还有多位来自日本、美国、法国、俄罗斯等国的国际友人发来唁函。这些唁电在表达致哀的同时，也以简洁的语言叙述了与父亲的友谊和对他的怀念之情，肯定了父亲为敦煌事业所做的贡献。

许多父亲的生前好友也以个人名义发来唁函、唁电和挽联。

段先生是中国石窟艺术研究的巨擘，也是世界佛教艺术事业当之无愧的旗手。他的卓越成就被永远载入世界文化的史册之中。段先生是新疆石窟事业的导师，当龟兹石窟研究遇到困难之时，段先生毫不犹豫地伸出援助之手。他的一些精辟的见解和振聋发聩的论断，给予新疆石窟事业指南性的引导。段先生也是我的恩师，他对我的关怀、提携、启发、指教，是我奋发进取信念的精神滋养和动力的来源。我们定会秉承先生遗愿，做好新疆石窟研究事业，以优异的成果，祭奠段先生在天之灵。段先生的音容笑貌和伟岸形象永驻天地之间。

——新疆龟兹研究院霍旭初

段文杰先生是继我父亲常书鸿之后第二代著名的"敦煌守护神"，他自20世纪40年代开始把年轻的人生岁月献给了保护、研究、发扬敦煌艺术事业。终生60年献给了敦煌莫高窟，圆了段文杰先生所追求的"敦煌之梦"。

——常书鸿之女，原中央工艺美术学院院长常沙娜段文杰先生是世界著名的敦煌学家，一代学术宗师。段先生作为敦煌艺术研究的集大成者，一生奋斗在敦煌学和中国古代文化的研究领域，为敦煌艺术的研究事业倾注了60余年的心血，为敦煌艺术的研究和传播做出了巨大的贡献。他治学严谨，克己勤勉，著作等身，还真诚无私地提携后学，培养了许多优秀人才。他的逝世，是我国学术界和敦煌研究领域的巨大损失！

——秦始皇帝陵博物院院长、秦始皇
兵马俑博物馆馆长吴永琪

段文杰先生自从1946年奉职敦煌艺术研究所以来，一直致力于敦煌文化遗产的保护。我们东京文化财研究所跟贵院实施的合作研究，从1986年开始，已经走过25年的时间了。为了实现我们的合作，在两者交流的历史当中，段文杰先生尽到的责任和贡献是巨大的。我们将继续段文杰先生的事业，一起携手，做好两国文化遗产的保护工作。

——日本东京文化财研究所所长龟井伸雄

盖蒂文物保护研究所的同仁在1988年第一次访问莫高窟时，段文杰院长就给予我们非常温馨与热烈的欢迎，并且鼓励与支持盖蒂文物保护研究所与敦煌研究院的合作项目。段文杰院长的开明与远见激励了我们，也凝聚了我们23年来的长久并且持续不断的友谊与合作。此刻在洛杉矶盖蒂文物保护研究所的同仁也在惦记、感怀段文杰这位伟大的学者。他的一生过得非常有意义，也是我们学习的典范。

——美国盖蒂文物保护研究所庭恩·维纶与

内莫·阿格纽教授

此外，还有法国东亚文明研究所副所长童丕、法兰西学院教授谢和耐、法国高等实验研究学院教授戴仁、法国远东学院教授郭丽英和法国东亚文明研究所敦煌学研究组教授联合发来的唁电："以东亚文明研究中心的成员，特别是巴黎大学敦煌研究专家教授团的名义，我们对段先生的溘然长逝表示沉痛的悼念。请允许我们对逝者家属表示诚挚的慰问。段先生以他渊博的学识、富有成果的著作、卓越的人格魅力，给我们树立了一个研究者和传播者的好榜样。我们永远会记住这位敦煌学领域的大师。"中山大学历史系教授姜伯勤、新疆维吾尔自治区博物馆研究员贾应逸、台湾成功大学中国文学系教授王三庆以及日本创价学会名誉会长池田大作、日中友协名誉顾问平山郁夫先生夫人平山美知子也发来唁电。

此外，还有全国各地有关文博机构、研究院所以及以个人名义发来的唁电和诗词咏叹，恕不再一一列出。在这些唁函、唁电中，大家表达了对父亲不幸逝世深感悲痛的心情，表达了对父亲从事敦煌艺术的保护、研究工作60余年、耗尽一生心血的理解之情，对父亲即使在遭遇人生挫折时，仍能泰然处之、精勤不倦、奋斗不息的可贵精神给予了褒奖。对大家的情谊，我将永远铭记于心。

2011年8月23日，在时任院长樊锦诗和党委书记纪新民的主持下，敦煌研究院举行了一个追思会。院内外一些学界人士参加并作了发言。院长樊锦诗以《深切怀念段文杰先生》，敦煌研究院保护所原所长、1947年就到敦煌的建筑专家孙儒僩先生以《历尽艰辛，矢志不渝为敦煌》，1953年到敦煌莫高窟的美术所原所长、画家关友惠先生以《敦煌壁画临摹研究工作的奠基人》，原考古研究所所长、学者刘玉权先生以《言传身教，历久弥新》，院文献研究所所长、学者施萍婷先生以《用而不疑》，院学术委员会秘书长、历史学者李永宁以《斯人已去风范犹存》，原副院长、保护专家李最雄先生以《创办敦煌石窟保护研究基金会，推动石窟保护研究事业发展》，敦煌研究院副院长刘会林以《我心中的段文杰先生》，时任敦煌研究院《敦煌研究》编辑部主任、研究员赵声良以《段文杰先生的艺术研究》，敦煌研究院资料中心主任张元林以《情系敦煌，泽被四方》为题，对父亲在敦煌工作的一生作了深情的回忆和客观的评价。

还有一些虽不在敦煌研究院工作，但同样从事敦煌学研究和艺术创作的学者、艺术家及关心敦煌的人士，也赶来参加了追思会，并作了感人发言。北京师范大学教授、中国敦煌吐鲁番学会会长郝春文先生以《作为学术领导人的段文杰先生》为题，中国敦煌吐鲁番学会副会长、中华书局编审柴剑虹先生以《我所认识的段文杰先生》为题，甘肃省博物馆原馆长初世宾研究员以《段文杰先生的宝贵精神品质》为题，甘肃省美术家协会名誉主席、何鄂雕塑院院长何鄂先生以《怀念段文杰院长》为题，原甘肃省歌舞剧院原院长、舞蹈家许琪女士以《我的恩师段文杰先生》为题，浙江大学教授、敦煌学者刘进宝先生以《敦煌研究院史上的"段文杰时代"》为题，均对父亲在敦煌的一生给予了肯定和怀念。我也在会上对各位专家、学者、领导表达了感激之情。

2012年清明节，敦煌研究院在莫高窟九层楼对面的一座山地上，为父亲母亲的骨灰合葬和立碑举行了隆重的仪式。时任敦煌研究院党委书记、副院长王旭东致辞：

　　今天我们怀着无比崇敬的心情，在这里举行敦煌研究院名誉院长段文杰先生和夫人龙时英女士墓碑立碑仪式，再次表达对段文杰先生和夫人的深切怀念。段文杰先生从青年时代远涉流沙，扎根敦煌，在这里度过了他60年的生命历程。敦煌不仅是他的第二故乡，更是他为敦煌文物保护、研究和弘扬事业呕心沥血、殚精竭虑奉献毕生心血和精力，谱写人生辉煌的地方。他一生热爱祖国、热爱甘肃、热爱敦煌、热爱艺术、艰苦奋斗、无私奉献、无怨无悔、求真务实、开拓创新、勇于进取，是中国共产党的优秀儿子，是敦煌文物和艺术保护研究事业的杰出代表，是敦煌学界和文博界的时代先锋。

在他辞世一年后的第一个清明节，我们庄严地为他和夫人立碑，缅怀他的业绩，追思他的一生，表达我们敦煌研究院全体同仁的心愿。段文杰先生的音容笑貌、道德风尚、崇高精神，将永远留在我们心中。

长眠于此的，还有段文杰先生的夫人龙时英同志。1957年，为了支持段文杰先生的工作，她携子从遥远的天府之国来到莫高窟工作，正直善良、敦厚简朴、自强自立，与段文杰先生风雨同舟，共同承受了人生的磨难，无怨无悔，直到1984年病故。今天，她的名字与段老一同镌刻在这块墓碑上，永远为后人瞻仰。

我们怀念段文杰先生的高尚品德和卓越贡献，珍惜他为我们留下的宝贵精神财富。我们要以段老为榜样，继续发扬"艰苦创业、无私奉献"的"莫高精神"，去完成段老未竟的事业，为敦煌事业的持续发展，做出更大的贡献，以更辉煌的业绩告慰他的英灵。

父亲一生守护敦煌莫高窟，如今回到了令他魂牵梦萦的莫高窟，与母亲合葬在大泉河畔。双亲去世后，我无时无刻不在思念着他们。他们对我的养育之恩，呵护、慈爱和言传身教，一直滋养着我。特别是在遭受苦难、身处逆境的岁月里，他们很少想到自己，始终如一地关心我的生活、学习和成长，使我从未失去家庭的温馨。在家里，父亲是开明的长者，对我要求严格却又以理服人。上中学时，我在家碰上所里职工进行清沙、整地、运土等劳动时，他总要叫我也去参加，说："你是中学生，在职工子弟中，你年龄最大，应该参加些义务劳动，不能光读书，其他什么都不了解，人不能四体不勤、五谷不分。"在他的督促下，参加一些所里的劳动，我也很愉快。父亲对我乃至对他孙子段伯毅在求学路上的专业选择从不横加干涉，充分尊重本人的自主选择，并热情支持。母亲也一样。我有幸拥有这样的父母，是我人生的幸运。

父亲和母亲的墓碑前摆满了大家敬献的花圈花篮，墓碑两边镌刻着敦煌研究院的挽联"出蜀入陇根脉植莫高，风雪胡杨雄大漠；承前启后群贤仰宗师，敦煌艺术擎巨橡"。仪式结束后，我久久伫立在墓前，回忆着父母生前的音容笑貌和生命历程中的件件往事。母亲千辛万苦独立抚育我到上小学，考初中，带我从绵阳到敦煌与父亲相聚。来敦煌不久后，母亲就受到不公正对待，但她在困境中依然自强自立，全心全意为敦煌职工子弟的教育工作付出心血，同时想方设法照顾父亲的生活，尽心尽力支持父亲的工作，直到自己身心俱疲而病逝。

难忘父亲在洞窟中心无旁骛、聚精会神、痴迷忘我地临摹壁画时，那种"一画入眼里，万事离心中"的精神状态，在院务和写作中，起早贪晚、争分夺秒、时不我与的工作作风。父亲择一事，终一生，言必信，行必果，初心不改，不畏艰险，无怨无悔坚守莫高窟60余年，把他的全部精力和智慧，毫无保留地献给了敦煌石窟的保护、研究和弘扬事业。他的生命始终和敦煌紧紧联系在一起，他曾说过"敦煌是我生命的全部"，他晚年的书法作品常有"自强不息""不靠天，不靠地，自己的事情自己干"，他还写过"莫高窟是我家，我把毕生的精力都奉献给了保护、研究、弘扬它"。这是他的自我评价，也是他一生的真实写照！回想父母的一生，我心痛不已，泪流不止。父亲母亲，你们永远活在我心中。你们留给我的精神财富，将永远激励我努力前行。

后　记

　　莫高窟前有红柳、老榆树、钻天杨和银白杨等多种树木，它们簇拥相连，形成了一条长长的林荫道，将窟前的上寺、中寺和下寺连接在一起。其中尤以银白杨最引人注目，它树干高大粗壮，昂然向上，树冠枝叶茂盛，绿荫如盖。夏日夜深人静，在微风吹拂中，它的树叶会噼啪作响，与树下流淌的渠水的"叮咚""咕噜"声交相呼应，使这大漠戈壁的一隅别有意趣。而当戈壁沙滩的狂风呼啸而来时，它们则奋力与飞沙走石抗衡，发出强烈的"哗哗""呜呜"的振响，直到风息而止。风沙过后，银白杨那粉白的树干上会留下一些斑驳的伤痕，地上散落着飘下的树叶。然而它那伟岸身姿却挺立如初，在阳光的映照中，散发出一种生命的光泽。

　　1957年，母亲带着我和我二叔从四川老家迁移到莫高窟与父亲团聚。当我们乘车越过大泉河滩从下寺大门进入窟区时，大门外那一大片蔚为壮观的银白杨树林就给我留下了深刻的印象。穿行在长长的林荫道时，两旁的树木好像都微微弯下腰来，审视着我们这些不速之客。到了中寺住地，又看见很多高大壮美的银白杨据守在此，令人景仰。

几十年过去了，每每回到莫高窟，我都会不由自主地长久注视这些生生不息的银白杨。去年我还拍了不少银白杨的照片。回望中寺和下寺大门两边的那些老银白杨树，它们依然老当益壮，静静地屹立在那儿。手抚着老银白杨那布满疤痕的粗壮树干，我感慨不已，思绪万千。总觉得父亲就像一株银白杨，无论风和日丽还是沙尘蔽日，总能气定神闲，泰然自若。在我印象中，父亲一直都是从容不迫、波澜不惊的神情。他是一个有事业心和责任感的人，择一事终一生，言必信行必果，凡是要做的事，他都会全力以赴、坚持不懈地追求完美。

从1946年开始，数十年来，父亲经历了艰苦卓绝、成果突出的壁画临摹研究工作时期，度过了跌宕起伏、曲折坎坷的"三年困难时期"和"文化大革命"阶段，投入到锐意进取、开拓创新、成就辉煌的改革开放时期。无论什么时候，父亲都保持着乐观向上、自强不息、真抓实干、砥砺前行的精神状态和工作作风。在中央的关怀和甘肃省委、省政府的领导下，父亲主管敦煌文物研究所和敦煌研究院这些年来，敦煌文化艺术遗产的保护、研究、弘扬工作日新月异，院内外、国内外的敦煌学研究也风生水起，佳作频现，影响深远。这是全体敦煌人团结奋斗的结果，也是院内外全体敦煌学者共同努力的结果。

父亲不改初心，以敦煌为家，一生坚守敦煌，为敦煌事业殚精竭虑，鞠躬尽瘁。在他身上我看到了莫高窟银白杨、老榆树、钻天杨的一些特质。父亲去世后我一直在考虑写一本书，回忆父亲以敦煌为家的经历，以表达我的思念之情，也借以表达对挺立在莫高窟的那些银白杨的敬意。

写这本书一直拖了很久，直到去年才开始动笔，今年下半年才完成。这里我要感谢父亲的老同事、老敦煌学专家和画家关友惠先生为此书作序。还要感谢浙江人民出版社余慧琴编辑及其相关同事为这本书稿的出版所付出的心血，感谢他们的帮助和指导。也感谢阅读此书的热心读者。

2006年，段文杰与段兼善、史葆龄在莫高窟九层楼旁合影。

不能不提的是，在此书的写作过程中始终得到我妻子史葆龄的帮助与支持。我至今还没学会用电脑打字，这本书以及父亲以前所写的回忆录《敦煌之梦》几十万字全部由她打印完成，她付出的时间和精力我看在眼里，记在心里，借此表达谢意。

段兼善

2021年12月